Christian Vogel

VIA ANTIQUA

BONIFATIUS' LETZTER WEG

Die Bonifatiusüberführung von Mainz nach Fulda

und ihr Weg

Fotos von Rudolf Behlen

Assenheim und Lißberg 2004

Alle Rechte vorbehalten

Druck: Mergard, Lauterbach

ISBN 3-9809805-0-2

Den Damen und Herren Koch, Pössl und Scholz/Staatsarchiv Darmstadt, Dielmann und Brozat/Staatsarchiv Marburg, Bublis/Hauptstaatsarchiv Wiesbaden, Eitel und Wagner/Staatsarchiv Würzburg, Dr. Fischer/Stadtarchiv Frankfurt, Glinka und Schneider/Stadtbibliothek Friedberg, Heerdt/Stadtarchiv Ortenberg, Schwarz/Stadtarchiv Windecken, Gerlach und Hiltl/Pfarramt Heldenbergen, Stephen Porter/Dekanat Nidda, sowie von Stadtarchiv und Stadtbibliothek Mainz, Dom- und Diözesanarchiv Mainz, Diözesanbibliothek Fulda, Handschriftenabteilung der Landesbibliothek Fulda, Landesbibliothek Darmstadt, Universitätsbibliotheken Frankfurt und Göttingen gilt Dank für Unterstützung.
Fotos beigetragen haben Helmut Gänger, Edip Güngör, Dr. Walter Nieß, Kurt Racky, Erika Wolf.

Inhaltsverzeichnis

INHALTSVERZEICHNIS **3**

LEBEN AM BONIFATIUSWEG **5**

DIE ERFORSCHUNG DES WEGES **7**
  Der Beginn der Straßenforschung 9
  Regionale Vertiefung 11
    Georg Wolff 11
    Joseph Vonderau 13
    K.Th.Christian Müller, der "Straßenmüller" 15
  Willi Görich und seine Schule 17

STRAßEN NACH NORD UND OST **21**
  Von der Höhen- zur Talstraße 23
    Vor der Römerzeit 23
    Während der Römerzeit 27
    Nach der Römerzeit 29
  Die Straßen der Überführung 32
    Römische Straßen 32
    Via Antiqua - Die Straße des Glaubergs 34

DIE DRITTE BONIFATIUS-ÜBERFÜHRUNG UND IHR WEG **41**
  Quellen und Karten 41
  Die Überführung 47
    Erste und zweite Überführung 47
    Die dritte Überführung von Mainz nach Fulda 51
    Vierte und fünfte Überführung 56
    Rekonstruktion von Weg und Verlauf 57

REKONSTRUKTION: 7 TAGE, 12 ETAPPEN, 10 RASTORTE **60**
  1. Tag (9. Juli) Mainz-Kriftel **60**
    1. Etappe: Mainz-Hochheim 63

2. Etappe: Hochheim-Kriftel (ca. 13 km) 63
  I. Rast (Nachts): "Bonifatiuskapelle" vor Kriftel 65
2. Tag (10. Juli) Kriftel-Kalbach 68
  3. Etappe: Kriftel-Eschborn/Sossenheim (ca. 9 km) 71
  II. Rast (Mittags): "Bonifatiuskreuz" Eschborn/ Sossenheim 73
  4. Etappe: Eschborn/Sossenheim-Kalbach (ca. 9 km) 75
  III. Rast (Nachts): "Bonifatiusbrunnen" bei Kalbach 76
3. Tag (11. Juli) Kalbach-Heldenbergen/Windecken 80
  5. Etappe: Kalbach-Schäferköppel (ca. 9 km) 82
  IV. Rast (Mittags): Schäferköppel bei Kloppenheim 84
  6. Etappe: Schäferköppel-Heldenbergen/Windecken (ca. 11/14 km) 85
  V. Rast (Nachts): "Bonifatiusacker" bei Heldenbergen/Windecken 87
4. Tag (12. Juli) Heldenbergen/Windecken-Glauberg 92
  7. Etappe: Heldenbergen/Windecken-Glauberg (ca. 16 km) 93
  VI. Rast (Nachts): Glauberg 97
5. Tag (13. Juli) Glauberg-Burkhards 99
  8. Etappe: Glauberg-"Schafskirche" (ca. 13 km) 102
  VII. Rast (Mittags): "Schafskirche" bei Lißberg 106
  9. Etappe: "Schafskirche"-"Stumpe Kirche" (ca. 12 km) 109
  VIII. Rast (Nachts): "Stumpe Kirche" bei Burkhards 113
6. Tag (14. Juli): Burkhards-Blankenau 121
  10. Etappe: "Stumpe Kirche"-"Bonifatiusquelle" (ca. 12 km) 122
  IX. Rast (Mittags): "Bonifatiusquelle" am Grebenhainer Berg 124
  11. Etappe: "Bonifatiusquelle"-"Kreppelstein" (ca. 16 km) 133
  X. Rast (Nachts): "Kreppelstein" bei Blankenau 139
7. Tag (15. Juli): Blankenau-Fulda 142
  12. Etappe: "Kreppelstein"-Fulda (ca. 16 km) 144
  Ziel Fulda 146

LITERATURVERZEICHNIS 147

Leben am Bonifatiusweg

"Eine der intimsten Freuden, die uns die Beschäftigung mit der Lokalgeschichtsforschung bereiten kann, genießen wir, wenn es uns gelingt, Stätten unserer Heimat in Zusammenhang mit welthistorischen Ereignissen zu bringen", schrieb kurz vor dem Ersten Weltkrieg der überragende Georg Wolff, als er zur Erforschung von Bonifatius' letztem Weg den entscheidenden Anstoß gab. In der Tat hat seither dies Thema eine eigenartige Faszination auf alle ausgeübt, die mit ihm in Berührung gekommen sind.

So war es auch mit dem Lißberger Heimatforscher und Nennonkel des Autors Erhard Weitzel, dem dies Buch gewidmet ist und ohne den es nicht wäre. Fast sein gesamtes Leben hat er am oder nahe beim Bonifatiusweg gelebt, an dem sein Elternhaus stand und nur wenige Meter von dem jetzt sein Grab auf dem Lißberger Friedhof liegt. Die Zeitumstände hatten ein Hinauswachsen in eine seinen Talenten entsprechende Wirksamkeit vereitelt. In seinen zum Teil recht abgelegenen Bleiben hat ihn dann der Gedanke angezogen, dass auch dort - wenn auch in längst vergangenen Zeiten - einen Augenblick lang in einer zentralen Manifestation der Karolingerzeit der Atem von Weltgeschehen zu spüren war. Intensive und jahrzehntelange Beschäftigung mit dem Thema hat ihn zum Entdecker eines wahrscheinlichen Rastplatzes bei der Lißberger Schafskirche und des Verlaufs der rechten Nidderstraße durch das heutige Lißberg werden lassen. Auf ihn zurück geht das große örtliche Interesse in Lißberg am Bonifatiusweg, und dies war wiederum der Ausgangspunkt dafür, dass man sich heute weit über den Raum zwischen Mainz und Fulda hinaus so intensiv mit dem Thema beschäftigt.

In seiner Nachbarschaft - nicht weit von der Schafskirche - hat der Verfasser die ersten Lebensjahre verbracht, war viel später in seiner letzten Stunde bei ihm und übernahm seinen Nachlass. Dazu gehört auch die mündliche Mitteilung über den Verlauf der alten Straße im Raume Lißberg. In diesem Erbe hat der Autor jahrzehntelang das Thema im steten Wechsel von Forschung in Schriftmaterial und Landschaft weiterverfolgt. Das Ergebnis wird jetzt zum 11. August 2004 vorgelegt.

Naturgemäß handelt es sich um Rekonstruktion, ohne die lebendige Geschichtsschreibung nicht sein kann. Diese Rekonstruktion hat ein nachgewiesenes Gerippe: die für die Überführung benutzten Straßen. Nach der Bestimmung der Lage der beiden Bonifatiusbrunnen bei Windecken und im Vogelsberg ergibt sich deren Verlauf aus zwingenden Schlussfolgerungen, nicht aus bloßen Rückschlüssen (wie sie Kartenstudium und Erkundungen im

Gelände für sich allein nun einmal nur ermöglichen) und erst recht nicht aus Vermutungen. Wie man für einen Überführungszug im 8. Jahrhundert nicht erwarten sollte, liegen über dessen Verlauf nämlich nicht weniger als neun schriftlich überlieferte Fixpunkte vor (Alter Dom in Mainz-Hochheim-Kriftel-Kalbach-Windecken-Meyerbruchquelle-Straße zwischen Bimbachquelle und Himmelsberg-alte Brücke bei Fulda-Klosterkirche in Fulda). Ein zehnter ergibt sich aus einer Überlieferung, die für den Glauberg als Hauptrastort spricht. Diese Fixpunkte führen bei Berücksichtigung der zwischen ihnen nachgewiesenen römischen Straßen in der Wetterau und der zwischen ihnen gegebenen Geländeverhältnisse im Vogelsberg zu einem alternativlosen Straßenverlauf, der allenfalls noch um bis zu einigen hundert Metern nach links und rechts variiert haben kann. Dies Gerippe lässt sich dann bestätigen durch Fleisch in Gestalt von zahlreichen Resten alten Straßenzuges, die sich auf der durch die Fixpunkte vorgegebenen ungefähren Trassenflucht finden

Eine zusätzliche Rekonstruktion gilt der Einteilung des Überführungszuges in Etappen mit Rastplätzen. Für diese Rekonstruktion bieten hinreichende Fixpunkte die fünf überlieferten Rastplätze Kriftel, Kalbach, Windecken, Glauberg und Meyerbruchquelle im Vogelsberg. Sie ermöglichen, Ausschau zu halten nach Anhaltspunkten für weitere Rastplätze, die im passenden Abstand zwischen ihnen liegen. Es finden sich tatsächlich in solchem Abstand an weiteren fünf Stellen Kreuze, Kapellenreste und Baumgruppen, die einer Erklärung bedürfen (Eschborn/Sossenheim-Schäferköppel-Schafskirche-Stumpe Kirche-Blankenauer Kreuz), und gerade in der Nähe solcher wahrscheinlicher Rastplätze eine Fülle von Stätten und Namen vorgeschichtlichen Anklangs. Wenn die Schafskirche bei Lißberg und die Stumpe Kirche bei Burkhards erklärungsbedürftig abgelegen jeweils am Ende eines Drittels der Strecke zwischen Glauberg und Meyerbruchquelle und in der Nähe von auffallenden Stätten vorgeschichtlichen Anklangs liegen und besondere Beziehungen zu Kloster Fulda greifbar werden, spricht hohe Wahrscheinlichkeit für diese Stellen als Rastplätze der Überführung. Als Teile, die sich in anderweitig vorgegebene Rekonstruktion fügen, erhalten sie neue Qualität.

Ein besonderer Reiz des Themas liegt darin, dass besondere Erkenntnisse über den konkreten Überführungszug und allgemeine über den Charakter alter Straßen sich ständig wechselseitig befruchten. Aus der Rekonstruktion von Bonifatius' letztem Weg ergeben sich daher Ansätze für weitere Straßenforschung. Auch kann die Zuordnung von vor- und frühgeschichtlichen Resten zu alten Straßen diesen Resten Leben einhauchen.

Dank für Material und Informationen gilt Erika Müller, Heinrich Quillmann, Gisela Spruck-Leustadt, Ferdinand Stein, Dr. Dagmar Wendler und Dr. Dieter Wolf.
Die Internet-Präsentation der Ergebnisse hat Stephen Porter erstellt.

Die Erforschung des Weges

Als ersten, der den Überführungsweg im Einzelnen zu ermitteln versucht habe, hat sich zumindet selbst bezeichnet Franz Joseph B o d m a n n (1754-1820), der im Mainz der Revolutionszeit als Jurist und Historiker nicht weniger als drei ganz unterschiedlichen Regimen gedient hat. Seine Ergebnisse liegen indes nicht vor, und es ist festzuhalten, dass ihm in seinem Hauptwerk Fälschungen nachgewiesen wurden[1].  An ihn knüpfte 1878 an der Mainzer Priester und Verfasser zahlreicher Einzeldarstellungen zur Mainzer Kirchengeschichte Franz F a l k (1840-1909)[2] in einer im Mainzer *"Katholik"* 1878 veröffentlichten Studie[3], in der er lediglich auf die drei Rastorte bei Hofheim und Kalbach sowie am Bonifiusbrunnen im Vogelsberg (dessen Lage bei ihm offen bleibt) eingeht. Der Straßenverlauf spielt bei ihm noch keine Rolle.

Anstoß für Falk war das, was Lenhart *"Bonifatius-Renaissance des 19. Jahrhunderts"*[4] genannt hat. In Wirklichkeit war es indes etwas Neues, was jetzt entstand: Übernahme des Kultes eines Heiligen, dem bis dahin im Wesentlichen nur regionale und korporative Verehrung zugekommen war, durch die nationale

---

[1] *"habe ich aus den Bonfatius-Kreuzen, Kirchen und Kapellen die feierliche Überbringung des Körpers dieses Heiligen von Mainz nach Fulda von Orte zu Orte genau bestimmt"* (RHEINGAUISCHE ALTERTÜMER (Mainz 1819) S. 90 Note b, zitiert bei Falk: Der Weg (wie Anm. 3) – im Bodmannschen Nachlass in den Staatsarchiven Darmstadt und Marburg sowie dem Stadtarchiv Mainz hat sich keine entsprechende Unterlage gefunden

[2] Sohn eines Mainzer Metzgers und seiner aus einer deutsch-französischen Ehe der französischen Zeit hervorgegangenen Mainzer Frau - Dr., schon 1862 Priester und bistumsüblich auf zahlreichen Kaplansstellen, seit 1887 auf eigenen Wunsch Pfarrer in dem überschaubaren Klein-Winternheim, die gewünschte Nichtseelsorgstelle in Mainz konnte er nie erlangen - Autor einer außerordentlichen Fülle von Materialpräsentationen zur Mainzer Kirchengeschichte sowie dem Druckwesen der Reformationszeit einerseits und überaus erfolgreichen Schriften zur Kinderkatechese andererseits, 1897 Bistumsarchivar und Großherzoglicher Professor, später Prälat (A. BRÜCK, *Franz Falk*, in: MAINZER ALMANACH 1959 S. 20-39)

[3] F. FALK: *Der Weg der Procession der Bonifatiusleiche von Mainz bis Fulda*, in: DER KATHOLIK 58/1878 S. 659-661

[4] so heißt der Beitrag von L. LENHART, in: SANKT BONIFATIUS (Sammelband zum 1200. Todestag, Fulda 1954) S. 533-85

und universale Kirche. Das gesamte Mittelalter hindurch blieb der Bonifatiuskult letztlich beschränkt auf die Abtei Fulda und einzelne Bistümer im Mainzer Metropolitanverband - in denen Bonifatius weniger als Missionar und Martyrer denn als Gründer geehrt wurde - und natürlich den Benediktinerorden, dem Bonifatius angehörte[5]. Im 16. Jahrhundert erfuhr die Verehrung von Bonifatius zwar im Zuge der katholischen Neuformierung in Deutschland eine erste Steigerung. Jetzt wurde vollends Bonifatius *"Apostel Deutschlands"*[6] apostrophiert. So benannte nach dem Interim 1553 der Kontroverstheologe Georg Witzel (1501-72) ein in Mainz erschienenes Lobgedicht *"Beatissimi Martyris S. Bonifacii, in Germania quondam Apostoli, vera Historia"*, in dem auch die Überführung über den Vogelsberg pauschal erwähnt wird. Und ein halbes Jahrhundert später gab der Jesuit Nikolaus Serarius in Mainz erstmals Leben und Briefe des Bonifatius heraus. Zu seiner heutigen, überragenden Bedeutung ist der Bonifatiuskult aber erst in einem neuen Schub im 19. Jahrhundert gelangt, als im Zuge einer weiteren Neuformierung der Katholischen Kirche Deutschlands in der Zeit der Ausbildung des Nationalstaates nach 1848 das Bedürfnis nach einer Vaterfigur entstand, um die die deutsche Kirche sich sammeln konnte. Nun wurde der große gesamtdeutsche Gründervater Bonifatius zum Nationalheiligen schlechthin. Eine führende Rolle hatte hierbei der Mainzer Bischof Freiherr von Ketteler. Erst durch diese Entwicklung - mit der eine Fülle von Quellenpublikationen, Studien und Darstellungen einherging - verbreitete sich die Feier des Bonifatiusfestes auf den gesamten deutschen Sprachraum und wurde schließlich 1874 vom Heiligen Stuhl auf die Gesamtkirche ausgedehnt. Falks erster Ansatz fiel daher auf gut bestellten Boden. Es bleibt dennoch erstaunlich, welche Resonanz er mit der Frage nach dem Überführungsweg des erschlagenen Übervaters gefunden hat.

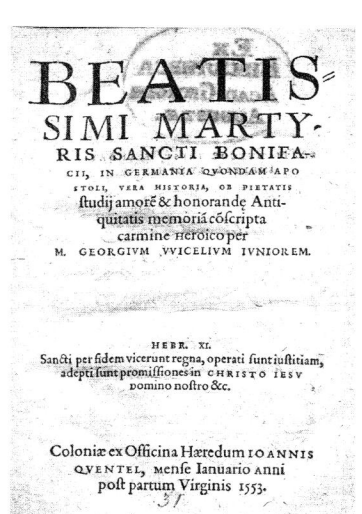

---

[5] nach P. KEHL: *Kult und Nachleben des heiligen Bonifatius im Mittelalter* = QUELLEN UND ABHANDLUNGEN ZUR GESCHICHTE DER ABTEI UND DER DIÖZESE FULDA 26 (Fulda 1993) ist in Fulda bis ins Hochmittelalter nichts von Pilgerströmen überliefert und hielt sich der Kult in Mainz in engen Grenzen – aufschlussreich ist auch die Diskussion um den Mangel an Wundern um den Heiligen, z.B. in der VITA ALTERA (siehe **Quellen 1-3**)

[6] die Wendung **"Apostolus Galliae et Germaniae"** taucht schon ca. 1150 im Codex Eberhardi auf (P. KEHL: *Heiligenverehrung in der Reichsabtei Fulda*, in: FULDA IN SEINER GESCHICHTE (HSG. W. HEINEMEYER UND B. JÄGER - Fulda 1995) S. 193

Der Beginn der Straßenforschung

Als Falk seinen Artikel schrieb, war der Verlauf alter Straßen in dem Gebiet, das auch die Strecke zwischen Mainz und Fulda umfasst, bereits zum Forschungsthema geworden. *"Wenigstens einen Anfang"* machte 1843 der Friedberger Gymnasiallehrer und Initiator der Wetterauer Geschichtsschreibung Philippp D i e f f e n b a c h (1786-1860)[7] in dem kurzen Kapitel *"Alte Straßen, besonders Römerstraßen"* seines Werkes *"Zur Urgeschichte der Wetterau"*[8]. Mit unterschiedlichem Glück versuchte er, die aus der Neuzeit bekannten Straßenzüge durch die Wetterau einem römischen Straßensystem zuzuordnen, und wies dabei der *"Steinstraße"* von Hofheim bis Okarben den ersten Platz zu.

Wesentlich hierüber hinaus führten 1856 die bescheiden als *"erster Versuch"* bezeichneten, in Wirklichkeit aber epochemachenden *"Beiträge zur Geschichte der alten Heer- und Handelsstraßen in Deutschland"*[9] des vom Autodidakten zum Ehrendoktor und Archivrat aufgestiegenen Georg L a n d a u (1807-65)[10], der als Begründer des Faches "Geschichtliche Landeskunde" gelten kann. In Ausweitung des Untersuchungsraums auf das heutige Hessen-Thüringen hat er in nachrömischer Zeitstellung ein System mittelalterlicher und neuerer Straßen herausgearbeitet. Zum ersten Mal wurde damit ein größeres Netz mittelalterlicher Fernstraßen, zu dem auch die Wege von Mainz nach Fulda gehörten, ins historische Bewusstsein gerückt. Für die Römerstraße bis Okarben

---
[7] Pfarrerssohn aus Dietzenbach - stieß dreimal an der Universität Gießen auf Ablehnung, zunächst als Student, dann als aufgenötigter Honorarprofessor, dazwischen Leiter einer Privatschule auf der linken, damals französischen Rheinseite und drei Jahre Erzieher des Erbprinzen Ludwig, 1820 noch Gießener Ehrendoktor - fand 1818 seinen ruhenden Pol als Oberschulleiter in Friedberg, erstellte 1849 den Teil *Die Provinz Oberhessen* von DAS GROßHERZOGTUM HESSEN IN MALERISCHEN ORIGINALANSICHTEN (Biographische Skizze von F. DREHER, in: FRIEDBERGER GESCHICHSBLÄTTER 3/1911, mit Schriftenverzeichnis, auch als Sonderdruck erschienen)

[8] Sonderdruck aus AHG (Darmstadt 1843)

[9] in: ZEITSCHRIFT FÜR DEUTSCHE KULTURGESCHICHTE 1856, Nachdruck Kassel 1958

[10] aus einer Kasseler Schuhmacherfamilie - zunächst Anwaltsschreiber - trat in Verbindung mit den Brüdern Grimm - seit 1832 im hessischen Archivdienst, in dem er kurz vor seinem Tod Archivrat wurde; 1846 Ehrendoktor der Universität Marburg - Mitgründer des Vereins für hessische Geschichte und Landeskunde, Teilnehmer zahlreicher Tagungen - Autor unter zahlreichen andern Publikationen von DIE HESSISCHEN RITTERBURGEN UND IHRE BESITZER (1832-39), BESCHREIBUNG DES GAUES WETTEREIBA (1855), maßgeblich beteiligt an DAS KURFÜRSTENTUM HESSEN IN MALERISCHEN

orientierte er sich an Dieffenbach; weiter bis Fulda kannte er nur die bei ihm "Straße über Ortenberg" genannte späte Geleitstraße Bergen-Fulda, die kaum irgendwo noch der für die Bonifatiusüberführung benutzten Vorgängerstraße entsprach.

Einen erheblichen Schritt weiter bedeutete der 1893 veröffentlichte Aufsatz *"Alte Straßen in Hessen"*[11] des vom Lehrer zum weltläufigen Privatier und Privatgelehrten gewordenen, später als Limeskommissar und Ausgräber des Kastells Ober-Florstadt und anderer Kastelle bekannten Friedrich K o f l e r (1930-1910)[12], der unter Eingrenzung des Untersuchungsgebietes auf die Provinz Oberhessen des Großherzogtums Hessen und Verzicht auf differenzierte Zeitstellung ein bereits sehr engmaschiges Straßensystem herausarbeitete. Dabei ging er allerdings aus von weitgehender Kontinuität eines in römischer und teilweise bereits vorrömischer Zeit innerhalb und außerhalb des Limes anzunehmenden *"alten Straßennetzes"*, das er aus Karten und erhaltenen Resten rekonstruierte und in der ersten einschlägigen Straßennetz-Karte darstellte. Seine (nicht immer durchgezogene) Zuordnung einzelner Teile des von ihm zusammengebrachten Puzzles zu Fernstraßen ist oft nicht haltbar, und immer wieder werden von ihm sehr viel spätere mit frühen Straßenzügen vermengt. Im Ganzen gesehen ist aber vor allem seine Karte ein großer Wurf und zur Grundlage aller nachfolgenden Straßenforschung im von ihm bearbeiteten Raum geworden. Außer der *"Steinstraße"* bis Okarben kannte er bereits die römische Straße Okarben-Marköbel. Und die Müllersche *"Rechte Nidderstraße"* von Heldenbergen bis Blankenau findet sich ohne diesen Namen bereits bei ihm (bis auf den Koflerschen Irrweg über Zwiefalten - der später doch noch (ungeachtet der Kritik Müllers, dass es sich im wahrsten Sinne um einen „Holzweg" handele) von Görich aufgegriffen wurde - und relativ geringe Abweichungen bei Schlechtenwegen).

ORIGINALANSICHTEN (1858) (nach W. NIEMEYER, *Georg Landau*, in: LEBENSBILDER AUS KURHESSEN (Hsg. v. I. SCHNACK – Marburg 1958) S. 177-187)

[11] in WESTDEUTSCHE ZEITSCHRIFT 12/1893 S. 120-156

[12] aus Homburg v.d.H. - grub als Schüler mit Klassenkameraden in der Saalburg - Lehrer, sprach die westeuropäischen Sprachen - nach seiner Verheiratung mit einer Amerikanerin lebte er in München und Dresden, ging auf Weltreisen und kehrte als Witwer nach Homburg zurück - seit 1877 neuvermählt und "Rentier" in Darmstadt, 1894 Hofrat - unternahm zahlreiche Streifzüge durch Oberhessen (Nachruf und Schriftenverzeichnis von K. ESSELBORN in: QUARTALBLÄTTER DES HIST. VEREINS FÜR DAS GROßHERZOGTUM HESSEN NF 4/1910 S. 511-521)

Regionale Vertiefung

Für diese Initiatoren der Straßenforschung war der Überführungsweg noch kein Thema. Dies änderte sich, als einzelne Forscher in einem jeweils enger umgrenzten, systematisch abgegangenen Raum zu wesentlich exakterer Straßenforschung fortgeschritten waren und dabei auch den genauen Verlauf des Bonifatiusweges zu ermitteln versuchten. Straßenforschung in Zentralhessen und Erforschung des Überführungsweges sind seither untrennbar verbunden.

Georg Wolff

Den Anfang machte - nach dem Jubiläumsjahr 1904/05 - der Gymnasialprofessor, promovierte Historiker und Limeskommissar Georg Wolff (1845-1929)[13], herausragende Gestalt unter den Geschichtsforschern der Region. Schwerpunkt seiner Forschungen auf dem Gebiet der Vor- und Frühgeschichte war die südliche Wetterau, und in ihr wiederum die römische Zeit. Nach Aufsätzen *"Römische Straßen in der Wetterau"*[14] und *"Prähistorische Wege in der Umgebung von Frankfurt a.M."*[15] folgte das zum Klassiker gewordene Buch *"Die südliche Wetterau in vor- und frühgeschichtlicher Zeit"*[16], mit einem ausführlichen Kapitel *"Die alten Straßen der Südwetterau"* und einer *"Archäologischen Fundkarte"* mit eingezeichneten Straßenzügen). Auf diesem Werk beruht bis heute weitestgehend die römische Straßenforschung im Limesbogen. Ausgehend von der Praemisse, dass wegen der exponierten Lage

---

[13] Sohn des aus einer Pfarrerfamilie stammenden Gutspächters in Neuenhain bei Homberg/E, der bald die Domäne in Schwarzenfels bei Schlüchtern übernahm - Besuch des Gymnasiums in Fulda und Studium der Geschichte an den Universitäten in München und Marburg; 1872 Dr. phil. - 1870 Gymnasiallehrer in Hanau, seit 1889 Gymnasialprofessor in Frankfurt, 1910 im Ruhestand - **"konnte die große Geschichte in ihren Auswirkungen für die engere Heimat zur Anschauung bringen"** - wuchs in Hanau allmählich in die römerzeitliche Archäologie hinein, die er in den Ferien und Samstag/Sonntag intensiv betrieb - Autor zahlreicher Schriften (G. BOTT, *Georg Wolff*, in: LEBENSBILDER AUS KURHESSEN (wie Anm. 10) S. 383-393 - Schriftenverzeichnis von K. WOELCKE, in: ARCHIV FÜR FRANKFURTS GESCHICHTE UND KUNST, 4.F. 1/1925 S. 207-214)

[14] in: WESTDEUTSCHE ZEITSCHRIFT 16/1897

[15] in: ALT FRANKFURT 2/1910 (mit einer *"Kartenskizze der römischen und vorrömischen Strassen in der Wetterau"*) S. 33-44

[16] Frankfurt 1913

der römischen Wetterau die wesentlichen Militärstützpunkte jeweils untereinander durch gradlinige Straßen (*"fast möchte ich sagen schablonenmäßig"*) verbunden waren, hat er in diese Karte ein überaus dichtes Netz römischer Straßen eingezeichnet und damit ein bis heute nachwirkendes Geschichtsbild hinterlassen. Im Ganzen widerlegt worden ist es bis heute nicht. Es ergeben sich aber zahlreiche Fragezeichen: Nur die römischen Grundstraßenzüge durch die Wetterau waren seinerzeit durch Grabungen verifiziert, neue Nachweise aus dem Boden sind seither nur selten hinzugekommen; die meisten der Wolffschen Straßen bleiben daher Hypothese - die allzu schematische Gradlinigkeit dieser Straßen muss mit Sicherheit relativiert werden - wo Wolff von vorrömischen Straßen ausgeht, ist ihm nur selten zuzustimmen (Görich, der ihm bei römischen Straßen stets folgt, lehnt seine vorrömischen Straßenführungen durchgehend ab). Die Mitte des 19. Jahrhunderts noch sichtbare römische Straßenführung bis Okarben und weiter bis Marköbel ist bei Wolff keine andere als schon bei Kofler; er hat für sie aber zahlreiche Nachweise geliefert. Später hat Wolff sich noch mit der Frage nach der hauptsächlichen vorrömischen Durchgangsstraße durch die hessische Senke beschäftigt.[17]

Weitestgehend um ein Werk Wolffs auf der Grundlage der nicht veröffentlichten Teile seines Straßen-Manuskripts (mit durchgehender Bezugnahme auf die veröffentlichten) handelt es sich auch bei der von Ernst Fabricius erst 1936 (unter erheblicher Ergänzung, systematischer Durchdringung und Neugliederung des Stoffes) im Limeswerk vorgelegten Darstellung der römischen Straßen im gesamten Wetterauer Limesbogen. Bei nicht zu übersehender Tendenz, Wolffs Netz auszudünnen, geht Fabricius im Wesentlichen nicht über ihn hinaus.[18]

1913 veröffentlichte Wolff im Nachgang zu einem in Darmstadt gehaltenen Vortrag[19] einen Aufsatz *"Bonifatius' letzte Fahrt durch die Wetterau"*[20], mit dem er - ausgehend von dem Falkschen Aufsatz - die exakte Erforschung des Überführungsweges auf den Weg brachte. Andere als die beiden bereits von Falk eingeführten Stationen in Kriftel und Kalbach kannte er nicht. Als einzige in Betracht kommende Verbindung zwischen diesen wies er die römische Elisabethenstraße nach.

Für die anschließende Wegstrecke wich er in die Flusstäler auf die von ihm

---

[17] *Die geographischen Voraussetzungen der Chattenfeldzüge des Germanikus*, in: ZEITSCHRIFT DES VEREINS FÜR HESSISCHE GESCHICHTE 50 (NF40)/1917 S. 53-123

[18] *Das Römische Straßennetz im unteren Maingebiet, im Taunus und in der Wetterau. Nach den Untersuchungen von Georg Wolff und nach eigenen Forschungen*, in: DER OBERGERMANISCH-RAETISCHE LIMES, A,II (Berlin 1936)

[19] Besprechung in QHV 5/1913 S. 165

vertretene, aber bislang nirgendwo nachgewiesene und als kurvenreich und tallläufig auch wenig plausible vorrömische und römische Straße durch die Täler von Nidda und Nidder aus, auf die er zudem nur über einen nirgendwo belegten Zubringer am Talrand zwischen Harheim und Massenheim gelangte. Diese Talstraße ließ er erst vor dem Glauberg enden, ohne zum weiteren Wegzug über den Vogelsberg noch mehr als Vermutungen anzustellen (er ging von einer Fortsetzung der Nidderstraße auf der linken Seite und über Crainfeld aus).

Joseph Vonderau

Ausdrücklich an Wolffs Forschungen an schloss sich am andern Ende des Überführungsweges der Fuldaer Lehrer Joseph Vonderau (1863-1951)[21], Begründer der archäologischen Forschung im Fuldaer Land. In einer Aufsatzreihe *"Vor- und frühgeschichtliche Durchgangswege"*[22], - deren Text er ein Jahrzehnt später in dem Buch *"Denkmäler aus vor- und frühgeschichtlicher Zeit im Fuldaer Land"*[23] (mit von Wolff inspirierter *"Archäologischer Karte"*, auf der auch die behandelten Straßenzüge eingezeichnet sind) fast unverändert ohne irgend eine Auseinandersetzung mit erheblicher Kritik und neuer Forschung wiederholte, - versuchte er den Verlauf der beiden aus den frühen Fuldaer Quellen bekannten großen Durchgangswege *"Antsanvia"* und *"Ortesweg"* im Anschluss an die Annahmen Landaus und Koflers ohne besondere Zeitstellung im Einzelnen festzulegen und hat diesbezüglich das bis heute maßgeblich gebliebene Geschichtsbild im Fuldaer Land geprägt.

Seine Methode begegnete bald Kritik, denn statt plausiblen Verlauf durch begleitende Rinnen und Funde zu belegen, schloss er umgekehrt aus einzelnen Rinnen und Funden auf oft sehr unplausiblen, manchmal unmöglichen Straßenverlauf. Auch stimmen Text und Karte öfter nicht überein. Schließlich endet seine Straßen-Kompetenz ersichtlich gänzlich an der Grenze des Fuldaer Landes. Als wesentliches Ergebnis seiner Straßenforschung bleibt daher nur, dass er die beiden südlich des Vogelsberges verlaufenden Durchgangsstraßen im Fuldaer Land links des

---

[20] in: ALT FRANKFURT 5/1913 S. 52-62

[21] ältestes von 16 Kindern eines Fuldaer Webermeisters - 1885-1928 Lehrer/Rektor an der Domschule in Fulda - Titularprofessor, Dr. hc. der Universität Marburg und Träger des Ordens "Für Kirche und Papst" - seit 1897 Leiter des städtischen Museums; Leiter zahlreicher Ausgrabungen, seit 1908 auch am Fuldaer Dom (Nachruf von H. HAHN, in: ZEITSCHRIFT DES VEREINS FÜR HESSISCHE GESCHICHTE UND LANDESKUNDE 63/1952 S. 125f, Nachdruck im Prospekt Vonderau Museum Fulda (Fulda 1994))

[22] in: FULDAER GESCHICHTSBLÄTTER 15/1920

[23] Fulda 1931 = VERÖFFENTLICHUNGEN DES FULDAER GESCHICHTSVEREINS 21

Flusses konkret ins Bewusstsein gerückt und den Verlauf der dabei gegebenen vier Teilstücke ganz grob vorskizziert hat. Seiner Darstellung der Straßenverhältnisse im Fuldaer Land ist indes eine außerordentliche Zählebigkeit beschieden. Görich hat zwar im Einzelnen nachgewiesen, dass diese Teilstücke anders sortiert werden müssen und der Verlauf der dabei ermittelten nördlichen Straße - des Überführungswegs - fast durchgehend erheblich von Vonderaus Feststellungen abweicht. Fuldaer Darstellungen wiederholen aber immer wieder stereotyp, was schon seit einem Dreivierteljahrhundert nicht mehr Stand der Forschung ist.

Im Anschluss ebenfalls an den von ihm hochverehrten Wolff (aber wohl auch inspiriert von der Tatsache, dass es seit 1914 in Fulda ein Eigenfest der Überführung des Hl. Bonifatius am 9. Juli gab) hat sich auch Vonderau dem Überführungsweg gewidmet und ist dabei für dessen letzten Teil vor Fulda sogar zum Begründer einer im katholischen Fuldaer Land weiterlebenden Tradition geworden.

Schon vor Erscheinen seiner Aufsatzreihe hat er in einem Zeitungsartikel *"Kleinheiligkreuz am Himmelsberg"*[24] versucht, die dortige (gerade vom Bischöflichen Stuhl erworbene und nach teilweiser landwirtschaftlicher Nutzung wieder für Wallfahrten restaurierte) Kapelle als Rastort plausibel zu machen. Seine Annahme begründete er damit, dass der Name auf ein wie auch anderswo nach der Überführung aufgerichtetes Kreuz zurückgehe. Weil er in der Nachfolge der Wolffschen Vermutungen davon ausging, dass nur eine von Südwesten kommende Straße (die er von der *"Linken Nidderstraße"* vorbei an der *"Bonifatiuskanzel"* auf dem Gunzenauer Horst zur *"Hohen- oder Reffenstraße"* ziehen ließ) für die Überführung in Betracht kam, konnte er seine These aber nur durchhalten, wenn er diese Straße einen geradezu absurden, von Müller zu recht verrissenen[25] Umweg vom Himmelsberg steil herunter ins abgelegene Tal und von dort sofort noch steiler wieder hinauf auf die eben verlassene Höhe machen ließ. In einer Artikelserie *"Urkundliches zur Geschichte von Kleinheiligkreuz"* der Fuldaer Geschichtsblätter hat alsbald Richter belegt, dass auch in der Überlieferung nichts für Kleinheiligkreuz als Rastplatz spricht. Die im 14. Jahrhundert bei einer Einsiedelei an einem *"Ort des Schreckens und größter Einsamkeit"* neugegründete und 1348 dem Heiligen Kreuz von Jerusalem geweihte Kapelle hatte nie eine Bonifatiustradition.

---

[24] FULDAER ZEITUNG vom 22.8.1919, dann auch als Separatdruck erschienen

[25] in seinem Aufsatz *Antsanvia und Ortesweg*, in FRIEDBERGER GESCHICHTSBLÄTTER 11/1934 S.12 (zwischen dem Neandertaler und dem modernen Menschen müsse im Vogelsberg noch ein **"Homo Stultissimus"** gelebt haben, wenn derartige Umwege benutzt worden seien)

K.Th.Christian Müller, der "Straßenmüller"

Der zwischen südlicher Wetterau und Fuldaer Land verbliebenen Lücke widmete sich auf Anregung seines ehemaligen Lehrers Wolff (*"zu dessen Schülern ich mich mit freudigem Stolze zählen darf"*) der pensionierte Büdinger Kammerdirektor und studierte Forstmann Karl Theodor Christian Müller (1856-1938[26]). Vonderau stand er erst sehr positiv, dann ebenso

kritisch gegenüber; während er in Wolffs Arbeitsgebiet nie übergriff, hat er daher seine Untersuchungen sukzessiv auch auf das Fuldaer Land ausgedehnt. Sein räumlicher Schwerpunkt lag allerdings eindeutig in dem Gebiet zwischen Kinzig und Nidder, das er von seinen Büdinger Jahren her gut kannte und auch später immer wieder durchwanderte. Der erste Teil seiner *"Alte Straßen und Wege in Oberhessen: Das Gebiet zwischen Kinzig und Nidder"*[27] ist denn auch diesem Raum gewidmet. Er ging bei seiner Straßenforschung von den Flurkarten und dem aktuellen Befund im Gelände aus, ohne eine zeitliche Aufgliederung zu versuchen. Seine Straßenzüge sind daher weitgehend die mittelalterlichen. Den Begriff *"Rechte Nidderstraße"* hat er eingeführt. Er ergänzte seine Ausführungen noch durch Aufsätze[28] und legte schon 1934 eine farbige Karte der Straßen zwischen Kinzig und Lahn - ausdrücklich zu allen drei (auch den noch nicht erschienenen) Teilen seines Hauptwerks - vor. Es wurde indes

---

[26] Pfarrerssohn aus Beerfelden/Odenwald - Schüler von Wolff am Gymnasium in Hanau, Studium der Forstwissenschaften in Gießen - 1889-1911 erst Forstmeister, dann Kammerdirektor des Fürsten zu Ysenburg in Büdingen - 1912 Ruheständler in Darmstadt, ehrenamtlicher Archivpfleger, gab 1916 *"Das Aschaffenburger Kopialbuch des Klosters Hirzenhain in Regesten"* im AHG heraus - nach kriegsbedingtem Wiedereinsatz im Staatsforst 1919-21 als Geschäftsleiter des Hessischen Waldbesitzerverbandes im Kampf für die Rechte der privaten Waldbesitzer, aus dieser Zeit stammen zwei Schriften *"Freie Wirtschaft oder Zwang?"*, bzw. *"Nochmals Freie Wirtschaft oder Zwang?"* Forstberater, 1931 Ehrendoktor der Universität Gießen (Biographische Skizze in: VOLK UND SCHOLLE 4/1926 S. 124, Nachruf mit Schriftenverzeichnis von L. CLEMM, in: MITTEILUNGSBLÄTTER DES HIST. VEREINS FÜR HESSEN 1/1937-40 S. 143-6)

[27] in: MITTEILUNGEN DES OBERHESS. GESCHICHTSVEREINS (GIEßEN) NF 28/1928 S.1-145 mit 5 Karten

[28] *Kinzigstraße, Hohestraße und Nidderstraße als vor- und frühgeschichtliche Durchgangswege*, in: GERMANIA 11/1928 S. 9-14 - *Alte Straßen in Oberhessen, ihre Erkundung und ihre Bedeutung für vor- und frühgeschichtliche Forschung*, in: FRIEDBERGER GESCHICHTSBLÄTTER 9/1930 S. 135-151 (der Methode gewidmet) - *Antsanvia und Ortesweg*, in: FRIEDBERGER GESCHICHTSBLÄTTER 11/1934 S. 1-34

1938, bis der inzwischen über Achzigjährige den zweiten Teil dieses Hauptwerks als *"Alte Straßen und Wege in Oberhessen: Das Gebiet zwischen der 'Rechten Nidderstraße' und der 'Straße durch die Kurzen Hessen'"* vorlegte[29]. Ein wesentlich blasserer Text lässt jetzt Alter und schlechtere Ortskenntnis erkennen. Der geplante dritte Teil ist nicht mehr erschienen.

Auf Anregung Wolffs wandte sich auch Müller der Erforschung des Überführungswegs zu. Zwei Jahre vor dem ersten Teil seiner *"Alten Straßen"* erschien in zwei Folgen *"Der Weg der Leiche des hl. Bonifatius von Altenstadt über den Vogelsberg"*[30]. Müller ging zwar von Wolffs Straße durch das Niddertal bis Altenstadt aus, folgte dann aber der *"Rechten Nidderstraße"*, die nach ihm schon bei Rodenbach auf die Höhe und von dort über Glashütten/Streithain bis auf den Sattel oberhalb von Sichenhausen führte. Von dort setzte er sie auf der Nordseite des Schwarzen Flusses fort, um unterhalb von Ilbeshausen wieder auf den zuvor verlassenen Höhenrücken zurückzukehren und den allgemein rezipierten Abschnitt vor Blankenau zu erreichen. Von dort ließ er - jeweils inspiriert von Vonderau - seinen Weg zunächst im Tal über Kleinheiligkreuz, später auf den angeblichen *"Semita Antiqua"* über die Schnepfenkapelle Fulda erreichen. Die Wegführung rechts der Nidder und entlang von Altfell und Lüder hatte er damit eingeführt, auch wenn er zu früh bei Altenstadt ansetzte, den Übergang vom Glauberg zum Höhenzug rechts der Nidder noch nicht kannte und schließlich ab der Höhe des Vogelsbergs den weiteren Weg bis Fulda fast immer verfehlte (weil ihn der *"Mönchsborn"* bei Ilbeshausen auf eine unmögliche Strecke führte).

Besonders fruchtbar war Müller bei der Erforschung der Rastorte, auf die er einige Jahre später in einem weiteren Aufsatz *"Ein Bonifatiuskreuz an der Elisabethenstraße"*[31] noch einmal eigens einging. Er ist nach Franke der definitive Entdecker des Kreuzes bei Sossenheim/Eschborn und der erste der Stumpen Kirche bei Burkhards, und dass heute ein weiterer Rastplatz bei Heldenbergen/Windecken lokalisiert werden kann, wurde letztlich von ihm angestoßen[32]. Keinen Bestand hat dagegen seine Festlegung von Rastplätzen bei dem Rodenbacher Kreuz und dem *"Mönchsborn"* im Vogelsberg, dem er einen eigenen Aufsatz gewidmet hat[33].

---

[29] in: MITTEILUNGEN DES OBERHESS. GESCHICHTSVEREINS (GIEßEN) NF 34/1937 S.1-188 mit 1 Karte

[30] in: FULDAER GESCHICHTSSBLÄTTER 19/1926 Nr. 6-7

[31] in: FULDAER GESCHICHTSBLÄTTER 26/1933 Nr. 4

[32] den Bonifatiusbrunnen von 1349 und die Heldenberger Tradition hat Müller als Erster in die Erforschung des Überführungsweges eingebracht

[33] *Wo sprang die Bonifatiusquelle der Wingershäuser Grenzbeschreibung*, in: FULDAER GESCHICHTSBLÄTTER 19/1926 Nr. 4

Willi Görich und seine Schule

An diese Vorgänger knüpfte seit den 30 er Jahren an der spätere Kustos des Landesamtes für geschichtliche Landeskunde in Marburg Willi Görich (1907-91[34]), der während seiner jahrzehntelangen Marburger Tätigkeit unter  Studenten und Heimatforschern eine ganze Schule begründet und weit über die Grenzen von Hessen hinaus der Straßenforschung Impulse gegeben hat. Nach einem eher summarischen Auftakt in seiner nur maschinenschriftlich in Kurzform vorgelegten Dissertation[35] hat er sein für den Raum zwischen Mainz und Fulda maßgebliches Erbe vor allem in zwei Mitte der 50 er Jahre erschienenen Aufsätzen *"Taunus-Übergänge und Wetterau-Straßen im Vorland von Frankfurt"*[36] und *"Ortesweg, Antsanvia und Fulda in neuer Sicht"*[37] hinterlassen. Zu ihnen gehören zwei sich überlappende Karten, die im "Geschichtlichen Atlas von Hessen" durch weitere Karten (für das Kerngebiet zwischen Taunus und Vogelsberg in vorrömischer Zeit sowie für Gesamthessen im 16.-18. Jahrhundert) ergänzt wurden. Außerdem hat er seine Straßenzüge in einen großen Satz Messtischblätter eingezeichnet[38].

Görichs zentrale These, dass über den von ihm behandelten Raum hinaus vorgeschichtliche Wege grundsätzlich Höhenwege waren und Talstraßen erst auf das Mittelalter zurückgehen, ist inzwischen allgemein rezipiert. Auch sein Ansatz an den Wasserscheiden als natürlicher Trasse für Wegeführungen hat weiterhin Gültigkeit. Zumindest für die spätvorgeschichtlichen Straßen ist dieser Ansatz jetzt aber weiterzuentwickeln durch den Begriff "Straßen am oberen Südabhang", die sich darüber hinaus jeweils die günstigste Verbindung zwischen den Höhenrücken suchen. Auch dürfte Görich öfter der

---

[34] Sohn eines Studienrates in Frankfurt, wuchs in Herford auf - Studium der Geschichte in Marburg, Königsberg, Frankfurt und Tübingen, 1936 Dr. phil. - 1943/55 Kustos am Landesamt in Marburg - dazwischen Kriegsdienst und russische Gefangenschaft - Vorsitzender des Vereins für Hessische Geschichte und Landeskunde, Zweigverein Marburg

[35] *Frühmittelalterliche Straßen und Burgen in Oberhessen* (Marburg 1948, aus der umfassenden Prüfungsabhandlung von 1936)

[36] in: MITTEILUNGEN DES VEREINS FÜR GESCHICHTE UND LANDESKUNDE ZU BAD HOMBURG V.D.H. 23/1954

[37] in: GERMANIA 33/1955 S. 68-88, im Wesentlichen wiederholt in *Frühe Straßen um Fulda*, in FULDAER GESCHICHTSBLÄTTER 40/1964 S. 65-79

[38] heute im Hessischen Landesamt für geschichtliche Landeskunde in Marburg

"*großen Wasserscheide*" allzu schematisch gefolgt sein. Wenn er darüber hinaus von seinem Ansatz her versucht hat, für eine Vielzahl von Wasserscheiden Wegerekonstruktionen auf reiner Kartenbasis ohne hinreichende aus Schriftquellen oder Resten im Gelände gewonnene Belege vorzunehmen (oder umgekehrt nur auf der Grundlage von weit auseinander liegenden Rinnen auf lange Wegezüge zu schließen), so hat er damit jedenfalls nicht mehr als (nicht durchgehend plausible) Arbeitshypothesen geschaffen, die erst noch der Verifizierung und Ausdifferenzierung bedürfen. Darüber hinaus dürfte die Zeitstellung einiger seiner als frühmittelalterlich eingeordneten Straßen vielleicht doch zu spät angesetzt sein; die eine oder andere gerade dieser Straßen ist auch schlicht als überkonstruiert nicht nachvollziehbar. Görich hat seine Straßenforschung zwar weitgehend auf den von den genannten Vorgängern bearbeiteten Gesamtraum beschränkt. Schon dieser aber bietet eine so verwirrende Fülle in Frage kommender Straßenverbindungen, dass den Möglichkeiten eines Einzelnen von vorne herein Grenzen gesetzt sind. Wie Schüler bestätigen und auch sein hinterlassenes Kartenmaterial ausweist, war es dem führerscheinlosen Görich außerdem meist nicht möglich, seine Hypothesen dann auch im Gelände ausreichend zu überprüfen. Bei manchen der von ihm in sein Kartenmaterial eingetragenen Straßenführungen ergibt sich denn auch vor Ort auf den ersten Blick, dass sie wegen besonderer Geländeverhältnisse nicht in Betracht kommen. Und wie gerade seine Karten belegen, gab es in den Auffassungen Görichs eine gewisse Fluktuation. Zukünftige Forschung wird daher zwar stets Görichs oft erstaunliche Intuition und scharfsinnige Analyse zum Ausgangspunkt nehmen, hat aber im Einzelnen die eigentliche Aufgabe noch vor sich.

Anlässlich des Bonifatiusjahres 1954 hat sich auch Görich mit dem Überführungsweg beschäftigt und dabei erheblich zur Verwirrung beigetragen, weil er nicht nur die Ergebnisse exakter Nachforschung, sondern auch alle sonst noch irgendwo vorgebrachten oft völlig unsubstanziierten Verlaufs-Vermutungen gleichrangig in eine Karte eingetragen hat. Aber auch bei diesem Thema hat Görich bahnbrechend gewirkt. Die Feststellung des Verlaufs des Überführungswegs auf dem römischen Straßenwinkel zwischen Bonames und Heldenbergen/Windecken sowie auf dem Höhenrücken zwischen Altfell und Lüder geht auf ihn zurück; das Verhältnis der beiden Hauptstraßen vor Fulda hat er überzeugend zurechtgerückt. Erheblich für zusätzliche Verwirrung gesorgt hat Görich allerdings wiederum dadurch, dass er in Folge seiner Fixierung auf die *"große Wasserscheide"* auf den von Kofler zuerst begangenen, aber bereits von Müller energisch abgelehnten Weg rechts des Hillersbaches bis vor den Hoherodskopf zurückkehrte (ohne die Fortsetzung von dort zum Höhenrücken zwischen Ilbeshausen und Grebenhain plausibel zu machen).

Bei Görich taucht erstmals ein möglicher Rastplatz *"in der Gegend von Eckartsborn"* auf. Grundlage hierfür war wohl eine Information des Entdeckers des wahrscheinlichen Rastplatzes an der Lißberger *"Schafskirche"*, des Lißberger Meteorologen, Landschaftsgärtners und Heimatforschers Erhard W e i t z e l (1904-72), bei einem Besuch in der Kugelgasse in Marburg. Es ist bekannt, dass Görich rege Kontakte ins Land pflegte. Nach Erscheinen von Görichs Aufsatz zur Bonifatiusüberführung hat Weitzel der Görichschen Weiterführung der *"Rechten Nidderstraße"* als *"Rechter Hillersbachstraße"* alsbald energisch widersprochen, indem er der aus Karten großflächig gewonnenen Hypothese den tatsächlichen Befund im Gelände vor Ort entgegenhielt (der von der *"Schafskirche"*  herunter zur Furt durch den Hillersbach vor Lißberg und weiter auf den Höhenrücken zwischen Nidder und Hillersbach bis in die Gegend der *"Stumpen Kirche"* vor Burkhards weist).

In der Grundlinie war durch Görich, - ausgehend von Wolff und Müller und dann selbst korrigiert von Weitzel, - die Wegstrecke überzeugend nachgewiesen. Es ergaben sich aber immer noch zwei wesentliche Abweichungen durch die Lokalisierung von zwei *"Bonifatiusbrunnen"*, deren Lage bisher strittig war:

1. Als Rastplatz bei Heldenbergen/Windecken steht jetzt der *"Bonfatiusacker"* samt *"Bonifatiusbrunnen"* auf dem Ohlenberg oberhalb von Heldenbergen/Windecken fest. Aufgrund genauer (durch Vergleich der übereinstimmenden Flurnamenfolgen in Urkunde und Ackerbüchern des 18. Jahrhunderts bestätigter) Analyse der Angaben in Bernd Vielsmeiers *"Flurnamen der südlichen Wetterau"* hat der Windecker Heimatforscher Heinrich Quillmann den 1349 erwähnten *"Bonifatiusbrunnen"* beim 1862 belegten Windecker *"Bonifatiusacker"* nachgewiesen. Da der jetzt gesicherte Rastplatz an der gradlinigen Fortführung der Römerstraße Karben-Heldenbergen bereits auf der Höhe links der Nidder in Richtung Marköbel liegt, scheidet eine Wegeführung durch das Niddertal damit aus.

2. Genaue Analyse zweier gegenläufiger Grenzbeschreibungen des 12. Jahrhunderts führt zur vom VHC hergerichteten heutigen *"Meyerbruchquelle"* vor dem Grebenhainer Berg (kurz nach der höchsten Stelle des Weges) als dem *"Bonifatiusbrunnen"* dieser Beschreibungen und damit als Rastplatz.

Zwischen den so lokalisierten beiden Brunnen kommt als Überführungsweg nur die Straße über den Glauberg – vor- und nachrömische Hauptverbindung über den Vogelsberg nach Osten – in Betracht. Zwischen den beiden Brunnen entspricht sie nur teilweise der *"Rechten Nidderstraße"*. An die Stelle des bisher angenommenen Wegzuges durchs Niddertal von Heldenbergen bis

Altenstadt/Glauberg ist von einem Wegzug über die Höhe links der Nidder von Heldenbergen/Windecken bis zum Düdelsheimer Suder und weiter über den Glauberg auszugehen. Und nach dem Sichenhauser Mühlberg wird die Meyerbruchquelle erreicht in einem großen Bogen um den Rehberg, von wo es weiter zur Grebenhainer *"Burg"* geht.

Auf der so in der Grundlinie feststehenden Strecke der Überführung war allerdings der exakte Wegeverlauf weitgehend erst noch zu ermitteln. Selbst zwischen den graden Römerstraßen der Wetterau blieben offene Stellen, und ab Windecken standen im Wesentlichen nur die Höhenzüge, nicht aber die über sie verlaufenden Straßenzüge selbst fest. Im Wesentlichen hatten Müller und Görich den Wegeverlauf nur angedacht. Die von Müller ausführlich beschriebene bzw. von Görich in seine hinterlassenen Messtischblätter eingezeichnete Trasse weicht ganz überwiegend um bis zu einigen hundert Metern von den jetzt festgestellten Spuren ab, weil beide zu stark von den Kämmen und heutigen Wirtschaftswegen ausgingen und weitergehende Überprüfung vor Ort noch nicht vorgenommen hatten. Dem Gerippe fehlte noch viel Fleisch, denn nicht in der Hypothese, sondern in der sichtbaren Spur des Vergangenen liegt der Reiz.

Methodischer Ansatz für weitere Überprüfung war ständige Abstimmung zwischen (vor allem aus den Geländegegebenheiten abgeleiteter) Hypothese, Angaben in älteren Karten und Dokumenten und flächendeckend per Fahrrad ermitteltem Befund vor Ort. Auszugehen ist zur Überprüfung der Hypothese von den ältesten kartographischen Aufnahmen, denn einmal benutzte Wege gehen nicht so leicht völlig unter. Was sich aus diesen Karten ablesen lässt, muss sich im Gelände durch heute noch bestehende Wege oder doch durch deutliche Wegereste (vor allem Rinnen und breite Heckenstreifen) bestätigen lassen. Bei gezielter Suche kann es dann vorkommen, dass sich beim Zurückbiegen von Tannenästen in einem Dickicht plötzlich der Anfang einer langen und tiefen Wegespur auftut. Nur wenn das alte Kartenmaterial im Einzelfall gar nichts hergibt, sollte direkt von Wegen oder Wegeresten ausgegangen werden. Von diesen finden sich jedenfalls auf der gesamten Überführungsstrecke noch so viele, dass allein auf den Geländeverlauf gestützte Rekonstruktionen nicht erforderlich sind.

Außerdem stand noch aus eine überzeugende Rekonstruktion der Einteilung der Überführung in Etappen sowie der vollständigen Kette der Rastplätze. Für die Rekonstruktion der Etappen bieten die fünf schriftlich überlieferten Rastplätze zwischen dem Anfang in Mainz/Hochheim und dem Ende in Fulda hinreichende Fixpunkte, die sich durch Abgleich der Entfernungen ergänzen lassen. An den so ermittelten zusätzlichen Anhaltspunkten in der Nähe von Gerichtsplätzen oder Stätten vorgeschichtlichen Anklangs liegende Kirchenruinen mit besonderen Beziehungen zu Fulda, Kreuze oder eine auffallende Baumgruppe lassen sich dann als Rastplätze identifzieren.

Straßen nach Nord und Ost

Das untere Maintal ist der natürliche Ausgangspunkt für zwei große Routen[39] durch das mittlere Deutschland, die sich am dem zwischen zwei unterschiedlich großen Senken aufragenden Vogelsberg orientieren. Im Dunkel der Vorgeschichte entstanden daher zwei *"Urstrecken"* (Demandt) oder *"natürliche Völkerstraßen"* (Wolff). Wie Landau vermutet, dürfte es sich zunächst um nicht mehr als *"lediglich durch das Bedürfnis hervorgerufene"* Wege gehandelt haben, die aus spontaner Benutzung trockenen Geländes entstanden und sich am Kamm von richtunghaltenden Höhenzügen orientierten. Maßgebliche Auswirkungen auf ihre Ausbildung hatte, dass ihr Lauf immer wieder gehemmt wurde von Wasserläufen, die diese Höhenzüge zum Teil in breiten Einschnitten unterbrechen.

- Die n ö r d l i c h e Durchgangsroute folgt als die natürliche Hauptverbindung vom Süden zum Norden Deutschlands der großen Hessischen Senke als dem dafür vorgegebenen Einfallstor. Zunächst dürfte sie den untergeordneten Höhenzügen entlang der versumpften Flusstäler der Senke gefolgt sein, stieß aber bereits in der Wetterau mehrfach an das natürliche Hemmnis von Wasserläufen.

In frühesten Zeiten könnte sich allerdings, wenn nicht sogar die Hauptverbindung selbst, so doch eine weitere, zweite Verbindung von Süden nach Norden höher gehalten und - vielleicht besonders in niederschlagsreichen Zeiten - für den Weg nach Norden den Kamm des Vogelsberges mit seiner natürlichen Wegespinne genutzt haben. Der auf allen Seiten wie ein Kegel abfallende Vulkan ragt schließlich in die beiden Senken hinein und kann im Blick nach Nordosten fast als ihre Mitte und damit als natürlicher Orientierungspunkt erscheinen.

Wenn in der Folge der Durchgangsverkehr nach Norden im Wesentlichen der Route durch die Hessische Senke selbst folgte, so lässt sich doch auch hier eine doppelte Tendenz erkennen, die schließlich zu den Wegen durch die

---

[39] Methodischer Ausgangspunkt ist die Zusammenführung von Spuren (im bzw. unter dem Gelände einerseits und in den Flurkarten des 19. Jh. und den ältesten Messtischblättern andererseits) und aus den Geländeverhältnissen abgeleiteter plausibler Wegeführungen. Die ältesten Straßenkarten geben nur noch den im Mittelalter entstandenen Zustand wieder, Schriftquellen gibt es nur ganz vereinzelt. Altes Straßennetz im Untersuchungs-gebiet rekonstruieren Karten von Kofler, Wolff, Wolff-Fabricius, Müller, Vonderau, Görich (im vorhergehenden Kapitel behandelt). Zu diesen Karten gehören Abhandlungen derselben Autoren und von Landau (gleichfalls im vorhergehenden Kapitel behandelt)

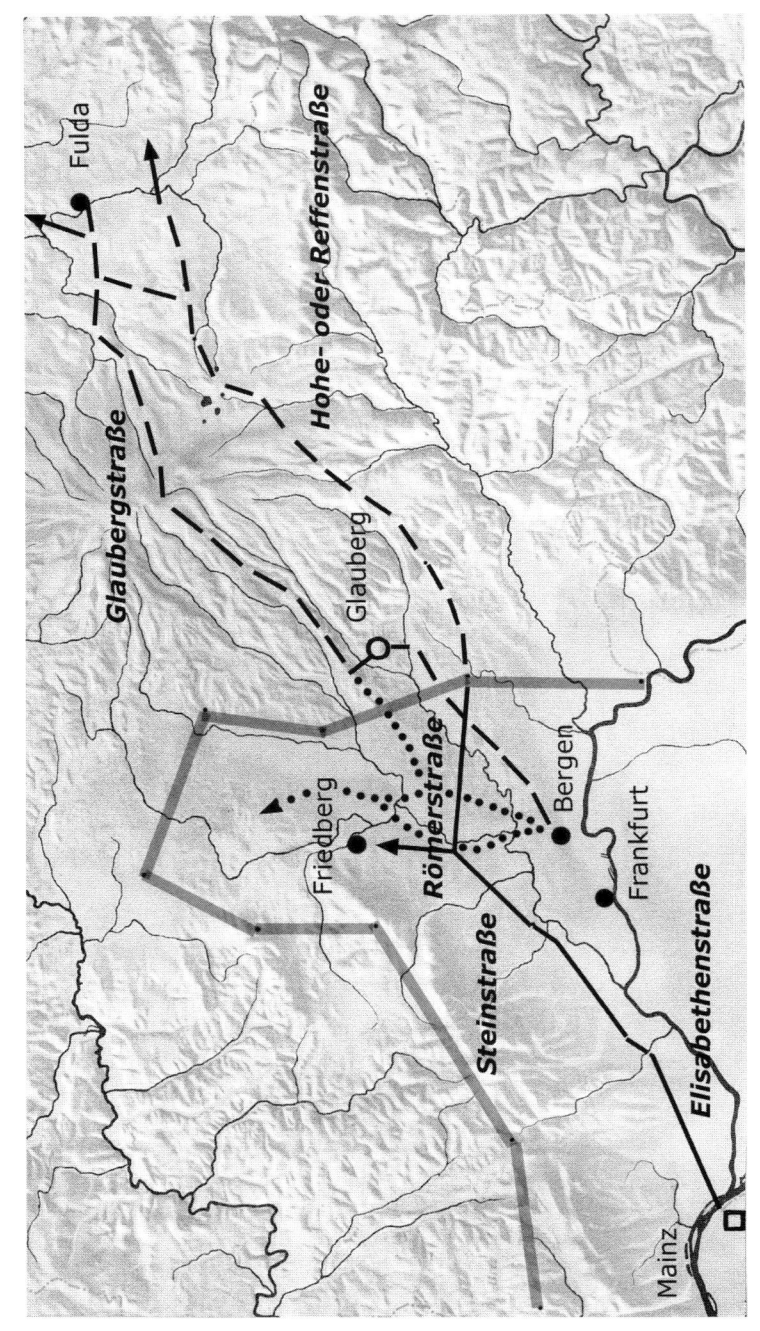

"langen Hessen" und die *"kurzen Hessen"* geführt hat: links verlagerte sich der Durchgangsverkehr von den untergeordneten Höhenzügen weiter hinab in die Talebene, rechts hielt er sich etwas höher an den nordwestlichen Hang des Vogelsberges für eine starke Abkürzung.

- Die östliche Durchgangsroute ist eine der natürlichen Hauptverbindungen vom Westen zum Osten Europas. Sie musste sich zunächst deutlich höher als die nördliche an den Kamm des Vogelsberges halten. Die andere, kleinere Senke südöstlich des Vogelsberges (am Anfang durch das Tal der Kinzig gebildet) wird nämlich von keinen auch nur einigermaßen durchgehenden Höhenzügen begleitet; auch weist der hochwasserfreie Boden des Kinzigtales streckenweise kein für natürliche Wegführung günstiges Gelände auf[40]. In der Richtung nach Osten gab es in der Folge dann nur eine Tendenz: Verlagerung des Verkehrs immer weiter hinab, zunächst auf den Abhang und schließlich ins Kinzigtal selbst.

Ein wie dichtes Straßennetz sich schon in frühen Zeiten zwischen diesen beiden von der Natur vorgegebenen Hauptrichtungen links und rechts vom Vogelsberg ausgebildet haben könnte, bleibt im Dunkeln. Seine Straßen könnten noch weitgehend an den Kämmen der einzelnen Höhenzüge orientiert gewesen sein. Die Spuren dieser ältesten Wegezüge haben sich indes während der *"Entwicklung vom Höhen- über den Hang- zum Talweg"* (Demandt) der letzten drei Jahrtausende, die keineswegs gradlinig von der Kammstraße zur Autobahn geführt hat, fast völlig verwischt.

Von der Höhen- zur Talstraße

Vor der Römerzeit

Was sich heute in zahlreichen Resten im Gelände an immer noch an Höhenrücken oder jedenfalls erhöhtem flachem Gelände orientierten Wegezügen erkennen lässt, gehört offensichtlich bereits in eine spätere Zeit und setzt bereits eine wenigstens rudimentäre Planung voraus. Und eine solche setzt wiederum wenn nicht vorstaatliche so doch zumindest flächendeckende politische Organisationsformen voraus. Dass solche Wege von vorgeschichtlichen Bodendenkmälern begleitet werden und im Frühmittelalter offensichtlich durch neue Wegezüge ersetzt wurden, führt wenigstens im Allgemeinen zur Zuordnung in vorrömische Zeit. In Betracht kommt das erste vorchristliche Jahrtausend und in diesem naturgemäß vor allem die Zeit der Kelten.

---

[40] MÜLLER: *Alte Straßen* I (wie Anm. 27) S. 17 enthält hierzu eine Grafik

Die spontan dem Kamm folgenden "Höhenwege" werden nun zu stärker geplanten "Wegen am oberen Höhensüdhang" und streben nach der Formulierung von Müller möglichst konsequent ihrem Ziel zu. Dabei halten sie sich immer noch an vorhandenes ebenes Gelände oder ausreichend breite natürliche Vorsprünge, nie sind sie künstlich in den Hang hineingebaut. Öfter kürzen sie gezielt ab. Sie meiden - weil über lange Strecken benutzt - wegen der dort ungehemmten Windeinwirkung von beiden Seiten grundsätzlich den Höhenkamm selbst und verlaufen ein (oft nur kleines) Stück weiter unterhalb am geschützteren Abhang. Dabei bleiben sie zur besseren Ausnutzung der Sonneneinwirkung grundsätzlich wann immer nur möglich auf der Südseite, lassen die Steigung so allmählich wie es das Gelände abgibt anlaufen und vermeiden sorgfältig nasse Geländetrichter und nicht unbedingt notwendige Aufs und Abs. Reste im Gelände sprechen dafür, dass es bei schwierigen Anstiegen Ausweichstrecken oder auch Strecken in Schlangenlinie gab. Auch wurden scheints immer weiter, - oft vielleicht nur für die günstigeren Jahreszeiten, - Abkürzungen eingerichtet und ist direkt von Doppelstrecken auszugehen.

In wie weit die letzte Form dieser älteren Wegzüge auf das frühe Mittelalter zurückgeht, lässt sich nicht erkennen. Vorrömischen Wegen dürfte sich im Übrigen mit wenigstens einiger Sicherheit nur der Name *"Hellweg"* zuordnen lassen.

    - In der n ö r d l i c h e n Richtung wurde der große (nach Süden von Natur aus fast immer offenliegende) Weg durch die hessische Senke jetzt in der südlichen Wetterau vielleicht von dem untergeordneten Höhenrücken links der Nidda herunter aufs Hochufer im Niddatal selbst verschoben. Sicher feststellen lässt sich der ältere Nordweg auf der gesamten Strecke durch die Wetterau nur nördlich des Ossenheimer Wäldchens (wo Malstatt und Melbacher Haag nahe bei liegen). Als von der Natur vorgegebene Stelle ist nördlich hiervon wieder Steinbach anzusehen (mit ungeklärtem Verlauf dazwischen).

Südlich der Abbiegung der Nidda bei Assenheim dürfte dieser Hauptweg nach Norden - wie von Görich angenommen - in seinem älteren Verlauf von Bergen über die Nidder bei den Dorfelden und die Kaicher Höhe zum Niddaübergang in oder oberhalb von Assenheim geführt haben. Zwar gibt es für eine solche Streckenführung keine völlig sicheren Anhaltspunkte. Für sie sprechen aber doch: eine fast ununterbrochene und auffallend gradlinige Flucht von Wirtschafswegen von der im Mittelalter bezeugten Furt bei Nieder-Dorfelden bis zum Burg-Gräfenröder Rauwald - eine auffallende Häufung von Hügelgräbern entlang der Wegstrecke durch diesen Wald (der höchsten Stelle des Weges zwischen Nidder und Nidda) - zahlreiche auf der Kaicher Höhe gemachte vorgeschichtliche Funde - deutlich erkennbare Reste einer Wallfassung links und rechts eines in der Flucht liegenden Weges an der Südgrenze des Klein-Karbener Waldes. Auch die ungewöhnlich ausgeprägte

Spur bei Nieder-Ilbenstadt zeugt vielleicht vom vormaligen Hauptverkehr von Süd- nach Norddeutschland, könnte aber auch nur zur Straße von der zentralen Wetterau zum Glauberg gehört haben.

Sicher zu erkennen ist lediglich ein (vielleicht erst späterer) Ansatz zum Verlauf der Nordroute weiter unten auf dem Hochufer rechts der Nidda. Ihn bezeugen deutliche Wegespuren von Bergen hinab zur Niddaschleife beim Gronauer Hof[41] (wo *"Helle"* und *"Hellberg"* liegen). Wolff erfuhr noch von Anwohnern, dass *"unterhalb des breiten, gradlinig in das südliche Hochufer, die 'Helle' eingeschnittenen Hohlweges eine künstlich geebnete Furt, ein festgestampfter Weg durch den Fluß führe"*. Hier sei *"der Boden des Niddabettes in Wegbreite 'gepflastert'"* gewesen[42]. Er vermutete daher einen römischen Straßenzug in Richtung Dortelweil. Es könnte sich aber auch schon um eine vorrömische Straße handeln, die auf dem sehr günstigen Hochufer rechts der Nidda nach Norden zog. Für den Aufstieg zum Ossenheimer Wäldchen erscheint das linke Wetterufer bei Bruchenbrücken[43] - wo es eine besonders tiefeingeschnittene *"Hohle"* gibt - als das natürliche Gelände.

Im Nachgang zu Wolff - von Görich nicht übernommen - siedelt die Karte des Limeswerkes noch die im Mittelalter bezeugte H e e r s t r a ß e (die die Berger Höhe vermeidet und nach einem Übergang über die Nidda bei Harheim über die flachen Höhen weiter rechts von der Nidda nach Norden strebt) schon in vorrömischer Zeit an. Für vorrömische Zeitstellung spricht in der Tat die offensichtliche Nutzung durch die Römer (bei Berkersheim führte eine römische Straße auf ihren Niddaübergang, und mehrfach heißt die Straße im weiteren Verlauf *"Heidengasse"*). Anschluss an die weiter östlich auf dem Hochufer der Nidda verlaufende Strecke könnte die Heerstraße auf der Höhe im Wetterknick über Fauerbach und Dorheim erreicht haben. Ihr Verlauf setzt im Übrigen bereits intensivere Planung voraus[44].

- In ö s t l i c h e r Richtung ist für Durchgangswege natürlicher Ausgangspunkt die Berger Höhe. Von dort ist zwar eine ursprüngliche Wegeführung denkbar, die zunächst der Nordroute über die Nidder folgte und beim Burggräfenröder Rauwald rechts auf die über die Wasserscheide zwischen Nidda und Nidder laufende *"Rechte Nidderstraße"* abbog. Feststellen

---

[41] am Abhang gibt es noch ein langes Stück auffallenden Hohlweges **"am hohen Stein"**. Die KURFÜRSTL. HESS. HÖHENSCHICHTENKARTE NAUHEIM von 1856 (**Karten 8**) zeigt außerdem einen zum **"Helle Berg"** führenden **"Leichenweg"**, diese und die Großherzogl. Hess. KARTE DER UMGEBUNG VON FRANKFURT "OFFENBACH-FRANKFURT" von ca. 1860 (**Karten 11**) noch einen zweiten Weg (**"Frankfurter Weg"**).
[42] WOLFF: *Südliche Wetterau* (wie Anm. 16) S. 41/98 – DERS.: *Die geographischen Voraussetzungen* (wie Anm. 17) S. 67
[43] E. ACKERMANN: *Stadtteilführer Bruchenbrücken* (Friedberg 1993) S. 97f
[44] jedenfalls dürfte die Heerstraße bereits im Frühmittelalter auf der Strecke Schäferköppel-Friedberg als Abkürzung von der Steinstraße benutzt worden sein

lässt sich indes lediglich eine Wegeführung von Bergen weiter auf dem Höhenrücken zwischen Nidder und Main, die *"Hohe Straße"*. Sie wird in ihrem ersten Teil von überaus zahlreichen vorgeschichtlichen Funden begleitet und wurde von den Römern bereits vorgefunden, die sie nachweislich begradigten. Auch in dem großen Waldgebiet auf dem flachen Höhenrücken links der Nidder zwischen Ostheim und Rommelhausen und weiter bei Himbach lässt sie sich noch in Resten erkennen. Vor dem breiten Einschnitt des Seemenbaches wird aber ihre Weiterführung sehr unsicher. Sollte die ursprüngliche Straße sich weiter auf der linken Seite des Seemenbaches gehalten haben, um so die Höhe des Vogelsberges zu erreichen, müsste sie hier einen großen Bogen gemacht haben[45]. Wenig plausibel erscheinen wegen der Geländeverhältnisse Anschlüsse über das hier sehr breite und nasse Seemenbachtal zum *"Betten"*.

Mitten zwischen den beiden möglichen Urverbindungen nach Osten rechts der Nidder bzw. links des Seemenbaches liegt der Glauberg, natürliches Bollwerk nach Osten. Auf seiner Südwestseite ermöglicht er einen relativ bequemen Übergang von der linken Seite des Seemenbachtales zur rechten Seite des Niddertales. Vielleicht schon in grauer Vorzeit wurde der Glauberg daher zum Durchgangspunkt von Westen nach Osten. Auf ihm vereinigten sich von Bergen kommende *"Hohe Straße"* und auf den Vogelsberg führende *"Rechte Nidderstraße"* zu einer durchgehenden *"Straße des Glaubergs"*, der der Berg in seiner Blütezeit als zentrale Anlaufstelle für Handel mit dem Osten einen großen Teil seiner Bedeutung verdankt haben dürfte. Dies ist die *"Via Antiqua"* der Fuldischen Grenzbeschreibung, die nach dem Abbiegen von der römischen West-Ost-Straße durch die Wetterau der Bonfatiusüberführung diente.

Die Straße des Glaubergs hatte allerdings eine natürliche Rivalin, die *"Hohe- oder Reffenstraße"*. Mit der Glaubergstraße gemeinsam hatte sie nur die Strecke von Bergen bis in die Gegend des Baiersröder Hofes. Von dort hielt sie weiter rechts in Richtung Marköbel und passierte bei insgesamt besseren Steigungsverhältnissen deutlich tiefer den Vogelsberg an dessen Südostabhang. Das Kinzigtal kam damals für Durchgangsverkehr immer noch nicht in Betracht; soweit vorgeschichtliche Wege an seinem Anfang festzustellen sind, weisen sie entweder auf die Erzgruben in der Nähe von Gelnhausen oder über den Spessart nach Franken.

Bei Ankunft der Römer hatte die *"Hohe- oder Reffenstraße"* der des Glaubergs offensichtlich bereits den Rang abgelaufen. Für vorrömische Zeitstellung überhaupt spricht, dass sie vor dem Limes von zahlreichen vorgeschichtlichen

---

[45] der Weg bis vor den Glauberg und weiter als "großer Wasserscheidenweg" zur Hardeck findet sich auf den drei Karten von GÖRICH und wurde von ihm auch in das entsprechende Messtischblatt eingetragen

Bodenfunden und einem *"Hellberg"* begleitet wird. Ihren zeitweiligen Vorrang schon in vorrömischer Zeit belegen dürfte auch, dass die Römer am Übergang dieser Straße über den Limes das große Kastel Marköbel errichteten. Sie wurde wohl zur Hauptstraße nach Osten, als - nach heutigem Kenntnisstand - der Glauberg in der letzten keltischen Zeit seine Stellung nicht mehr halten konnte und damit auch die über ihn führende Straße an Bedeutung verlor.

Die Hohe- oder Reffenstraße ist ungeachtet ihres Verlaufs am ziemlich flach abfallenden südöstlichen Abhang des Vogelsberges immer noch eine Höhenstraße. Allerdings gewinnt sie deutlich tiefer den Übergang zwischen den Höhenzügen, die sich von beiden Himmelsrichtungen an der Rhein-Weser-Wasserscheide treffen (ihr höchster Punkt bei der Naxburg liegt mit ca. 500m um 200m tiefer als der höchste Punkt der Straße über den Glauberg vor der Meyerbruchquelle). Auch die *"Hohe- oder Reffenstraße"* ist nach Süden fast immer offen. Dabei kürzt sie an zwei Stellen erheblich ab: Zwischen der Wasserscheide zwischen Ostheim und Marköbel und dem Eintritt in den Büdinger Wald und noch auffallender (wie die *"Heerstraße"*) in Schrägrichtung zu den Tälern zwischen Bracht und Rhein-Weser-Wasserscheide oberhalb der Salz (wo das Gelände zwischen den Wasserläufen einen relativ zielgerichteten Wegeverlauf ohne nennenswerte Ausbuchtungen ermöglicht, der zudem kaum Aufs und Abs und auch nur wenige Bachüberquerungen aufweist). Das alles setzt ein höheres Maß an Planung und Gestaltung voraus als es noch die Straße über den Glauberg erforderte; was davon vorrömisch, römerzeitlich oder nachrömisch ist, lässt sich nicht erkennen.

Wie viele Straßen sich in vorrömischer Zeit noch zwischen den beiden Hauptrouten ausgebildet haben könnten, wie es mit weiter nordwestlichen Übergängen über den Vogelsberg durch das Gebiet zwischen Horloff und Nidda stand und ob die später aus der Wetterau über Grünberg ziehenden Straßenzüge bereits vor der Römerzeit Vorläufer hatten, liegt außerhalb des für diese Arbeit gesteckten Rahmens.

Während der Römerzeit

Das von ihnen in der Wetterau vorgefundene Straßensystem haben die Römer durch ein eigenes System von Militärstraßen überlagert, zum Teil auch ersetzt. Ansonsten bestand das vorrömische Straßennetz vermutlich fort. Große Durchgangsrouten nach Norden, Nordosten und Osten lässt auch das römische Straßensystem erkennen.

1. Der definitiven Einbeziehung der Wetterau in das Römische Reich durch den Limes gegen Ende des 1. Jahrhundert n.Chr. voraus ging fast ein Jahrhundert, in dem sie den Römern immer wieder als Basis bei Feldzügen ins

Germanenland und für die Einrichtung von Vorposten gedient hat. Während dieser Zeit dürften die Römer die vorhandenen Durchgangsstraßen in Anspruch genommen haben. Als Hauptachse für ihre Vorstöße weiter ins Germanicum diente ihnen sicher in der Regel die Nordroute durch die hessische Senke. Bei Teilung der Streitkräfte und vor allem beim Rückzug boten sich aber auch die Ostrouten über den Vogelsberg an. So ist davon auszugehen, dass 9 v. Chr. das Heer des Drusus bei seinem Rückzug - auf dem der Feldherr tödlich verunglückt war - *"Glaubergstraße"* und *"Hohe- oder Reffenstraße"* genutzt hat. Dann wäre der tote Drusus tatsächlich über den Glauberg (oder an Büdingen vorbei und durch Marköbel) gebracht worden und auch Tiberius - der zu seinem sterbenden Bruder geritten war - dort durchgekommen.

2. Bei Einrichtung des Limes und Aufbau eines militärischen Sicherungssystems zu Ende des 1. Jahrhunderts beschänkte man sich zunächst wohl darauf, bereits vorhandene Straßenzüge zu verbessern. Solche Verbesserungen konnten bei den Durchgangsrouten nachgewiesen werden an der *"Hohen Straße"* ab Bergen, sind offensichtlich bei der andern Hohen Straße südlich von Münzenberg und liegen wegen der Lage des Frühkastells Karben (auf das vor dem Bau der *"Steinstraße"* eine Kiesstraße von Süden her zulief) auf der Hand bei der Strecke nach Norden durchs Niddatal. Keine Bestätigung findet sich für die von Wolff postulierte römische Widmung angenommener vorrömischer Straßen im Niddertal. Von einer einfacheren, wenn auch nicht vollausgebauten Verbindung Heldenbergen-Altenstadt könnte aber auszugehen sein.

3. In einer dritten Phase folgte im Limesbogen ein vollausgebautes Straßensystem mit großen Durchgangsstraßen.
Mit der Einrichtung der großen Militärstraße von Mainz über Heddernheim in die Wetterau entstand eine - überall nachgewiesene - künstliche Querverbindung durch die Wetterau von West nach Ost, die erst bei Marköbel wieder an eine vorrömische Straße, die *"Hohe- oder Reffen Straße"*, anschloss. Es ist die erste nachvollziehbare Verbindung direkt von der Mainmündung in die Wetterau. Sie läuft von Wasserlauf zu Wasserlauf vor dem Taunus. Von Okarben aus schloss sich nördlich an ein auf Friedberg ausgerichtetes Straßensystem, dessen Grundzüge ebenfalls nachgewiesen sind. Es hat als Achse die wohl schon ältere Verbindung von Süden nach Norden auf dem Hochufer rechts der Nidda, auf die weiterhin direkt von Süden ein Anschluss von Frankfurt her führte. Neben diesen neuen Militärstraßen bestanden vorrömische Straßen - wie die *"Hohe Straße"* und wohl auch die *"Heerstraße"* - natürlich fort.

Im Übrigen lassen sich drei Schwerpunkte mit größeren Limeskastellen und jeweils mehreren auf sie führenden Straßen erkennen, die den drei alten Hauptrichtungen des Durchgangsverkehrs durch die Wetterau entsprechen:

- Arnsburg für die Richtung nach Norden (mit einem Teil des Verkehrs vielleicht schon durchs Wettertal und etwa von Lich aus nordöstlich)
- Marköbel für die Richtung nach Osten
- Echzell dazwischen (für vielleicht noch starken Durchgangsverkehr über die Wasserscheide zwischen Horloff und Nidda nach Nordosten und über den Vogelsberg).

Inwieweit die nachgewiesene, stark links haltende Römerstraße nach Butzbach dem Durchgangsverkehr auch nach Nord/Nordost diente, ist unklar. Und wo die alte *"Glaubergstraße"* links der Nidder bzw. die Fortführung in die Wetterau rechts der Nidder den Limes kreuzen, lässt sich kein eindeutiger Schwerpunkt erkennen. Möglicherweise wurde der rechts der Nidder südlich vom Glauberg noch laufende Verkehr jetzt auf Altenstadt bzw. Staden umgelenkt. Oberhalb von Heegheim ist denn auch am Südhang noch deutlich ein von der Höhenstraße in die Wetterau hinabführender alter Wegzug zu erkennen, der vielleicht auf die Römerzeit zurückgeht.

Überhaupt könnten die Römer an den für Kontrolle bei Passierung des Limes weniger geeigneten Stellen auf Höhenrücken alte Straßen auf ihrer Seite aufgelassen haben. Es ist aber auch davon auszugehen, dass sie auf der Außenseite des Limes alte Straßen zu Überwachungszwecken und beispielsweise zur Versorgung mit Holz und Steinen tief ins Barbaricum genutzt und sie passierbar gehalten haben. Auch gab es möglicherweise zwecks Überwachung des Vorfeldes parallel zum Limes in dessen Vorland eingerichtete Wege (die Müllersche *"Bergstraße"*?).

4. Über die nachgewiesenen Hauptstraßen hinaus postuliert Wolff ein engmaschiges System von weitgehend nur angenommenen Straßenverbindungen, die gradlinig ohne Rücksicht auf das Gelände zwischen den Kastellen und dabei auch quer durch die Wetterau von einer Seite des Limes zur andern verlaufen seien. Dies Wolffsche System bedarf noch einer grundlegenden Überprüfung und Verifizierung. Manche seiner Straßenzüge hat es wohl gar nicht gegeben - andere strebten möglicherweise ihr Ziel nicht direkt an, sondern lenkten auf andere zu ihm führende Straßen ein - viele dürften jedenfalls stärker am jeweiligen Gelände orientiert gewesen sein und daher öfter (im manchmal nur ganz stumpfen Knie) neu angesetzt haben.

Nach der Römerzeit

In mehreren Schüben verlagerten sich die Straßen von der Höhe in die Täler:

1. Die Franken haben bei der Besetzung der Wetterau die römischen Straßen und ihre Fortsetzungen jenseits des Limes wohl zunächst einfach weiterbenutzt. Wie gerade die Bonfatiusüberführung belegt, diente die jetzt auf der Strecke bis Okarben *"Steinstraße"* oder auch *"Königsstraße"* genannte

römische Straße jedenfalls noch Mitte des 8. Jahrhunderts dem Durchgangsverkehr nach Osten durch die Wetterau, und nichts anderes wird von den römischen Durchgangsstraßen nach Norden gelten.

Wie die Bonifatiusüberführung weiterhin belegt und die fuldischen Quellen aus der Zeit nach der Gründung des Klosters bestätigen, verlagerte sich allerdings im Zuge neuer Bedeutung des Glaubergs als Grenzfeste nach Osten der Verkehr jenseits des Limes wieder auf die alte über den Glauberg führende Straße zurück, auf die er jetzt (wohl beim Windecker Ohlenberg) von der römischen Straße einbog. Dies wird durch die fuldischen Quellen aus der Zeit nach der Gründung des Klosters bestätigt. Nach ihnen überquerte in den Zeiten vor der Gründung des Klosters Fulda der Haupthandelsweg von Thüringen nach Mainz (dann *"Antsanvia"* = *"Antianavia"* = *"Via Antiqua"* genannt) nördlich vom Kloster bei Kämmerzell die Fulda und lief südlich der Bimbachquelle von Ost nach West. Dies entspricht der Straße über den Glauberg. Die offensichtlich in dieser Zeit wieder nachgeordnete *"Hohe- oder Reffenstraße"* ging als *"Ortesweg"*, der aus der Wetterau kam und weiter ins Grabfeld führte, südlich vom Kloster etwas oberhalb der Gieselmündung bei Bronnzell über den Fluss. Zwischen beiden Straßen ist allerdings eine Verbindung auf der Höhe rechts über der Kalten Lüder vorauszusetzen.

2. Mit der Gründung des Vorpostens Fulda und den Sachsenkriegen ging die Stellung des Glaubergs wieder verloren und der Hauptverkehr über den Vogelsberg lenkte ein weiteres Mal ein auf die *"Hohe- oder Reffenstraße"*, die einen besseren und kürzeren Weg zur Kämmerzeller Furt und vor allem nach Fulda selbst bieten konnte. Hierzu änderte sich der Verlauf der *"Hohen- oder Reffenstraße"* (und führte jetzt über das Verbindungsstück oberhalb der Kalten Lüder auf die jeweils letzten Stücke der Glaubergstraße sowohl zur Kämmerzeller Furt als auch nach Fulda). Zeitweilig hieß zumindest der Weg rechts oberhalb der Kalten Lüder nun ebenfalls *"Ortesweg"*. Zur Zeit der Lebensbeschreibung des Hl. Sturmius (Ende 8. Jahrhundert) hatte die *"Hohe- oder Reffenstraße"* aber außer dem Verlauf auch den Namen (in "Königsstraße"?) geändert. Die *"Glaubergstraße"* (südlich des Vemel, wo sie sich von der nunmehr gemeinsamen Trasse mit der *"Hohen- oder Reffenstraße"* trennte) wurde nun zur *"Alten Straße"* (*"Antsanvia"* = *"Via Antiqua"*)[46].

---

[46] in der gegen Ende des 8. Jh. geschriebenen VITA S. STURMI Nr. 8 (**Quelle 4**) heißt es in der Gegenwartsform von der Straße, die unterhalb von Fulda über die Kämmerzeller Fuldafurt nach Osten führt, **"pervenit ad viam, quae a Turingorum regione mercandi causa ad Magontiam pergentes ducit; ubi platea illa super flumen Fuldam vadit"** - und für etwa 744 wird (in doppelter Vergangenheitsform von einer davon unterschiedenen Verbindung etwas oberhalb der Mündung der Giesel (**"ubi semita fuit quae antiquo vocabulo Ortessveca dicebatur"**) mitgeteilt, dass ein Mann auf diesem Weg von der Wetterau ins Grabfeld wollte - offensichtlich in der Zeit dazwischen heißt es in der Markbeschreibung der Gründung (nach 747, vielleicht später

Hinter diesen Veränderungen stand wohl auch der von der Krone in Karolingischer Zeit betriebene Ausbau eines eigenen Fränkischen Straßensystems. Nach der Vermutung von Görich wurde jetzt mit andern Straßen die *"Hohe- oder Reffenstraße"* zum Königsweg (wohl auch als günstigste Verbindung zwischen den aufkommenden Plätzen Frankfurt und Fulda). Völlig neu entstanden ist nach der Auffassung von Görich erst jetzt in der Nordrichtung die Wetterauer *"Weinstraße"* = Wagenstraße, die - völlig untypisch für vorrömische Straßen - entlang des Taunus von Wasserlauf zu Wasserlauf zog. Auch in der (wann auch immer entstandenen) Abzweigung des Nordverkehrs nach rechts von Friedberg über Hungen und Grünberg weiter nach Norden sieht Görich eine karolingische Königsstraße. Hier einzuordnen sein könnte schließlich noch die *"Heerstraße"* jedenfalls in ihrem späteren Verlauf durch das Wettertal nördlich von Friedberg und weiter nach Grüningen. Keinerlei Nachrichten aus fränkischer Zeit liegen vor über das Schicksal der offensichtlich schon vorrömischen Nordverbindung entlang der Nidda südlich des Friedberger Raumes.

Noch immer meiden diese frühmittelalterlichen Straßen in der Regel die eigentlichen Täler. Charakterisch für sie ist aber, dass sie zahlreiche Orte berührten und gezielt von den Anrainern unterhalten werden mussten. Im Zuge organisierter Straßeneinrichtung entstanden jetzt auch weitere Abkürzungen und Zwischenverbindungen. Weil dabei viele Straßen deutlich tieferen Verlauf erhielten, dürfte jetzt der Gattungsbegriff *"Hohe Straße"*[47] entstanden sein, der zunächst wohl nur ganz allgemein die höher liegenden von den tieferliegenden Straßen abgrenzte.

3. Eine völlig neue Art von Straßenzügen brachte schließlich das Hochmittelalter mit dem Aufkommen der Städte und dem schweren Wagenverkehr, der völlig neue Trassen erzwang und sich noch mehr an die Orte anlehnte. Jetzt erst ging man definitiv zu Talstraßen über. Vermutlich im Zuge dieser Entwicklung erhielt die *"Hohe- oder Reffenstraße"* ihrerseits eine Konkurrentin in der jetzt durchgehenden Straße unten durchs Kinzigtal. Letztere lief bald der *"Hohen- oder Reffenstraße"* den Rang ab und wurde

---

überarbeitet - DRONKE: ANTIQUITATES FULDENSES S. 3): **"usque in ostia Biunbaches, et per rivum eius sursum usque in caput eius, inde trans viam, que dicitur Antsanvia, usque in viam, que vocatur Ortheswehc, inde vadit in volutabrunn, quod est in...Himelesberch"**

Bereits LANDAU: *Beiträge zur Geschichte der alten Heer- und Handelsstraßen in Deutschland* (wie Anm. 9) S.53 führt aus, dass unter Ortesweg **"nur die von Bergen ausgehende hohe Straße verstanden werden kann"** – GÖRICH sieht in der "Antsanvia" **"die eigentliche Straße durch Fulda selbst"** und bringt ihren Namen mit der Zerstörung der Siedlung Fulda Anfang des 8. Jh. in Verbindung (W. GÖRICH: *Frühe Straßen um Fulda*, in: FULDAER GESCHICHTSBLÄTTER 40/1964 S. 69)

[47] so heißt im 16./17. Jahrhundert jede der drei parallel laufenden Straßen rechts und links der Nidder sowie rechts des Hillersbaches **"Hohe Straße"** (STOLBERG. GESAMTARCHIV ORTENBERG, Bestand Ortenberg II H 39)

schließlich im Zuge des frühneuzeitlichen Chausseebaues zu der Straße nach Osten schlechthin. Das Straßensystem in Wetterau und Vogelsberg wurde nunmehr auf Frankfurt, Friedberg und Gelnhausen ausgerichtet (ein mehrgliedriges System von *"oberer, mittlerer und unterer Straße"* mit weiteren Unterteilungen führte von Frankfurt durch die Wetterau nach Norden)[48]. Eine Folge hiervon war weiterer Bedeutungsverlust der römischen *"Steinstraße"* nach Okarben (während die untere Straße von Frankfurt nach Butzbach weiterhin römischer Trasse folgte). In der Folge erreichte die Ausfächerung der Nordverbindung nach rechts und links in den Straßen durch die *"kurzen und die langen Hessen"* ihre größte Ausdehnung. Auch eine Straße von Frankfurt über Bergen und das Niddertal nach Glauberg wird jetzt nachweisbar, die die links der Nidder auf den Glauberg führende Straße endgültig obsolet machte. Dies Schicksal traf auch in den meisten ihrer Teilabschnitte die rechts der Nidder vom Glauberg über den Vogelsberg führende alte Straße, die für schweren Wagenverkehr nicht geschaffen war.

Die Straßen der Überführung [49]

Römische Straßen

Etwa ab der Gegend von Marxheim bis zum Rande der Wetterau kurz vor Marköbel wurden für die Bonfatiusüberführung die quer durch die Wetterau verlaufenden, überall ergrabenen graden römischen Kunststraßen genutzt. Die Rastplätze bei Kriftel, Kalbach und Windecken belegen, dass diese römischen Straßen Mitte des 8. Jahrhunderts noch Hauptverkehrswege waren. Ihren Rang haben sie wohl erst durch den Aufstieg von Frankfurt verloren.

1. Die schnurgrade E l i s a b e t h e n s t r a ß e, auch *"Zeilweg"*[50] zwischen

---

[48] Karte der Geleitstraßen in der Wetterau, ca. 1530, HStA WIESBADEN, 330/XIVa Nr.2 (veröffentl. in WOLFF: WETTERAU UND VOGELSBERG IN ALTEN LANDKARTEN - wie Anm. 60 - S. 44) - Kurmainzer Karten aus der ersten Hälfte des 18. Jh. zeigen in der westlichen Wetterau ein etwas anderes Straßensystem, HStA WIESBADEN Plan 412 V und StA WÜRZBURG, Mainzer Risse und Pläne Nr. 6 - den Endzustand bietet die Darmstädter Geleitskarte von 1790/92 (**Karte 1**) – zum Straßensystem des 16.-18. Jahrhunderts auch die Karten von GÖRICH im GESCHICHTLICHEN ATLAS VON HESSEN NR. 29

[49] das Kartenmaterial ist bei der Erörterung der einzelnen Etappen aufgeführt

[50] in einer Mainzer Grenzkarte Eschborn/Praunheim von 1789, StA WÜRZBURG, Mainzer Risse und Pläne, Nr. 120 (zit. bei FABRICIUS: *Das römische Straßennetz* (wie Anm. 18) S. 237 FN 1), wird die **"Landstraße von Mainz und Hochheim nacher Praunheim"** schon **"Die Elisabethae,- Wein- oder Hochstrassen"** genannt - demnach handelt es sich bei der Zuschreibung der Straße als Pilgerweg nach Marburg nicht um eine gelehrte Spätzuschreibung.

Zeilsheim und Praunheim wurde in unterschiedlicher Gestalt ununterbrochen bis heute genutzt, jetzt als A66, Wirtschaftswege und innerstädtische "Heerstraße". Sie geht offensichtlich auf eine zweite Phase der römischen Okkupation zurück; ihr römischer Straßenkörper wurde vielfach festgestellt.[51]

2. Die an sie anschließende, ebenso gradlinige S t e i n s t r a ß e, auch *"Königsstraße"* oder *"Alte Mainzer Straße"*[52] zwischen Bonames und Okarben[53] bestand noch bis ins 19. Jahrhundert als durchgehender Weg fort, von dem heute nur noch einige Stücke Feldweg geblieben sind. Wenn der Name der *"Elisabethenstraße"* sich auf die Marburger Elisabethenwallfahrt bezieht, müsste die Steinstraße als deren natürliche Fortsetzung noch über das Hohe Mittelalter hinaus für Verkehr von Mainz in die Wetterau benutzt worden sein. Entlang der Straße häufen sich Schenkungen an Kloster Fulda im ersten Jahrhundert nach Bonifatius[54].

3. Die in Okarben an die Steinstraße anschließende heute "A l t e   R ö m e r s t r a ß e"[55] genannte Straße von Okarben nach Marköbel war Anfang des 19. Jahrhunderts ebenfalls noch als durchgehender Weg ohne größerer Bedeutung erhalten. In den Karbener Flurkarten heißt sie *"Grüne Straße"*. Die Ausrichtung des Verkehrs durch die Wetterau auf Frankfurt und Friedberg dürfte sie weitgehend obsolet gemacht haben. Heute ist sie hinter Okarben auf dem Stück bis zur Höhe und hinter Heldenbergen fast ganz verschwunden. Auf der Höhe liegt die stark befahrene K246 auf ihrer Trasse.

Die HAASSCHEN KARTEN Nr. 6/7 von 1800/1801 (**Karten 4**) kennen sie nur als ***"Alte Straße"*** - auf den ersten Messtischblättern der Zeit nach 1860 (**Karten 11-12**) heißt sie ***"Elisabethenstraße"***.
Nach FABRICIUS: *Das römische Straßennetz* (wie Anm. 18) C6 S. 243 (nach Steinmetz) wurde die Straße schon im 14. Jahrhundert ***"Ziel"*** genannt, nach Wolff: *Südliche Wetterau* (wie Anm. 16) S. 35 im 19. Jahrhundert ***"Zeilsweg"***.

[51] WOLFF: *Südliche Wetterau* (wie Anm. 16) S. 32ff - FABRICIUS: *Das römische Straßennetz* (wie Anm. 18) C6 (S.243f)

[52] DIEFFENBACH: *Urgeschichte der Wetterau* (wie Anm. 8) S. 254 - LANDAU: *Beiträge zur Geschichte der alten Heer- und Handelsstraßen* (wie Anm. 9) S. 35 - **"diejenige größtenteils gepflastert sein sollende Straße, welche von Hofheim zwischen der Liederbacher und Sulzbacher Terminey bei Sossenheim, Rödelheim, Praunheim, Niederursel, Bonames und Niedererlenbach vorbey nach Okarben gehet, allein die Wein-, Stein- oder Königsstraße allgemein genannt"** heißt es in einer Frankfurter Stellungnahme aus der zweiten Hälfte des 18. Jahrhunderts (STA DARMSTADT, F12 Kommende Kloppenheim 10/6)

[53] FABRICIUS: *Das römische Straßennetz* (wie Anm. 18) K6 (S.252) - WOLFF: *Südliche Wetterau* (wie Anm. 16) S. 34, 130, 167, 173

[54] C.-D. HERZFELD: *Zu Schenkungen an das Kloster Fulda aus Petterweil, dem Niddagau und der Wetterau in den Jahren nach Bonifatius*, in: PETTERWEILER GESCHICHTSBLÄTTER 1/2000 S. 13ff (mit Tabelle und Karte)

[55] FABRICIUS: *Das römische Straßennetz* (wie Anm. 18) M7 (S.255) - WOLFF: *Südliche Wetterau* (wie Anm. 16) S. 43ff

Via Antiqua - Die Straße des Glaubergs

Die Alte Straße und ihre Nebenwege

I

Vor Marköbel bog der Überführungszug auf die Straße über den Glauberg ein und folgte ihr bis vor Fulda. Dies ergibt sich zwingend aus den beiden Rastplätzen bei Windecken und bei der Meyerbruchquelle unterhalb des Grebenhainer Bergs sowie der überlieferten Richtung der alten Straße von West nach Ost südlich der Bimbachquelle. Der Überführungsweg ist damit ein wichtiges Indiz dafür, dass der Glauberg Mitte des 8. Jahrhunderts seine nach dem Abzug der Römer zurückgewonnene Bedeutung noch nicht wieder verloren hatte und deswegen die über ihn führende Straße noch die Hauptverkehrsader nach Osten war. Nach der Beobachtung von Stein begleiten diese Straße eine auffallende Häufung von Hausen-Orten (*"hausen-Vorstoß"*)[56].

Wie im Gelände noch zu erkennen[57], folgt die Straße des Glaubergs fast durchgehend den von der Natur vorgegebenen Höhenzügen. Von Bergen bis zum Suder oberhalb von Düdelsheim bleibt sie auf dem Höhenrücken, der die Nidder bzw. das Mündungsgebiet des Seemenbaches auf der linken Seite begleitet. Dann wechselt sie an den jeweils günstigsten von der Natur vorgegebenen Stellen von der linken Seite des Seemenbaches über den Glauberg auf die rechte Seite der Nidder über. Anschließend folgt sie dem Höhenrücken auf der rechten Seite der Nidder bis zum Rehberg bei Sichenhausen. Die Straße orientiert sich an der Nidder und passiert daher den Hillersbach direkt über seiner Mündung in Lißberg. Nur der Südhang der Nidder erlaubt im Übrigen einen besser geschützten Verlauf der Straße leicht unter dem Kamm. Den höchsten Punkt auf der Rhein-Weser-Wasserscheide (den *"Sattel zwischen der Herchenhainer Höhe und dem Hoherodskopf"*[58]) vor der Meyerbruchquelle gewinnt die Straße in einem Bogen mit sanftem Anstieg um den Rehberg. Stein sieht hier die zentrale fränkische Übergangsstelle über den Vogelsberg. Anschließend steigt sie relativ steil ab zum Höhenrücken rechts des Schwarzen Flusses bzw. dem Altefeldbach, auf dem sie bis vor Kleinlüder bleibt. Dort überquert sie die Lüder und zieht über die Höhe vor dem Vemel immer zwischen den Wassern bis zum Höhenzug links der Fulda,

---

[56] F. STEIN: *Altefelltal und fränkische Besiedlung*, in: BUCHENBLÄTTER 53/1980 S. 15
[57] im Einzelnen vergl. die Erörterung der einzelnen Etappen
[58] F. STEIN: *Die Franken im östlichen Vogelsberg*, in: FULDAER GESCHICHTSBLÄTTER 61/1985 S. 23

über den sie die Furt bei Kämmerzell erreicht. Dabei hält sich der Straßenzug wo immer möglich auf der Südseite, oft ein beträchtliches Stück unter dem Kamm des jeweiligen Höhenzuges. Überall kündet der in zahlreichen Resten noch gut erkennbare Verlauf von sorgfältiger Ausnutzung der Gegebenheiten im Gelände. An zahlreichen Stellen war er allerdings schon im 19. Jahrhundert verschwunden.

Die Straße eigenete sich hervorregend für Truppenbewegungen mit einer größeren Anzahl von Pferden. An mehreren Stellen kommen ihr auf beiden Seiten Wasserläufe ganz nahe, den Übergang über den Vogelsberg vollzieht sie in wasserreichem Quellgebiet und vor Fulda überschreitet sie die wasserreiche Lüder. Auch wird dies Einfallstor für Angriffe von Osten an mehreren Stellen von auffallenden Befestigungsanlagen begleitet, vielleicht aus der Zeit, als der keltische Machtbereich noch nicht wesentlich über den Vogelsberg ausgriff. So dürfte die nahe bei einer großen Wegespinne liegende *"Burg"* bei Grebenhain zeitweilig Vorburg des Glaubergs vor dem Pass über den Vogelsberg gewesen sein. Auch könnte die auffallende Häufung von Plätzen vorgeschichtlichen Anklangs rund um diesen Pass für eine Sakrallandschaft sprechen, deren Monumente dazu bestimmt waren, aus dem Osten in die keltische Welt Kommende zu beeindrucken (Standbilder auf dem Mühlberg und Rehberg?). Schließlich könnte der keltische Ringwall auf dem (an der Straße vor einem letzten Anstieg liegenden) Lißberger Burgberg zu einer letzten Auffangslinie vor dem Glauberg gehören. Im Übrigen passiert die Straße bei Himbach, Eckartsborn, Burkhards, der Höhe, Altenschlirf und Blankenau Gebiete, in denen sich Namen vorgeschichtlichen Anklangs auffallend häufen. Beim *"Kiesberg"* in der heutigen Gemarkung Himbach und in der Nähe der *"Burg"* im nördlichen Teil der Gemarkung von Grebenhain schneidet die Straße des Glaubergs sehr große Nekropolen an, während sie auf der gesamten Strecke von Bergen bis zur Fuldafurt immer wieder von Hügelgräbern begleitet wird.

II

Die Glaubergstaße hatte Zubringer und Nebenstraßen:

1. Größere Bedeutung hatte der heute nur noch aus wenigen Resten rekonstruierbare Zubringer des rechts der Nidda verlaufenden Teils der Glaubergstraße (der *"Rechten Nidderstraße"*) aus der mittleren Wetterau. Er zweigte ursprünglich wohl erst ab dem Burg-Gräfenröder Rauwald von der Hauptstrecke nach Norden ab. Die heutigen Gemarkungsgrenzen orientieren sich scheints weitgehend an seinem Verlauf. Dies Verbindungsstück dürfte folgenden Verlauf gehabt haben: Gemarkungsgrenze Nieder-Mockstadt/Glauberg südwestlich der L3190 (wo ein eindrucksvolles Stück alten Hohlweges erst in den letzten Jahren bei Waldarbeiten beseitigt worden

ist) - Stammheimer Lücke mit einem großen Grabhügel - Gemarkungsgrenze Altenstadt/Stammheim oberhalb von Engelthal - Hügelgräberfeld im Erbstädter Wald - Gemarkungsgrenze Erbstadt/Bönstadt. Wo sich die ausgeprägte Wegespur bei Nieder-Ilbenstadt findet, dürfte der Zubringer bereits mit der Hauptstraße nach Norden zusammengefallen sein. Vera Rupp vermutet, dass über diese Strecke in spätkeltischer Zeit der Nauheimer Salzhandel nach Osten abgewickelt wurde. Die Straße ist vielleicht schon zur Zeit der römischen Besetzung der Wetterau auf der römischen Seite des Limes aufgelassen und der Verkehr vom Vogelsberg in die mittlere Wetterau auf die zum Kastell Ober-Florstadt führenden römischen Straßen umgelenkt worden. Dabei könnte es auch in fränkischer Zeit geblieben sein.

2. Nur Nebenstraßen der Glauberger Hauptstraße gewesen sein dürften dagegen die Linke Nidderstraße und die Straßen durch das Betten, die vom Glauberg ausgehen. Die *"Linke Nidderstraße"* - die bis ins 19. Jahrhundert benutzt wurde - mündete auf der Höhe des Vogelsberges vielleicht in eine ältere links des Seemenbaches heraufkommende Straße, verlief mit dieser vereint auf der Wasserscheide von Lüder und Schwarza, passierte die Schwarza durch die Furt bei Steinfurt und erreichte von dort die Straße über den Glauberg. Die im ersten Abschnitt dreigeteilte und noch deutlich erkennbare *"Bettenstraße"* vereinigte sich schon nach relativ kurzer Strecke mit der Linken Nidderstraße.

3. Keine der Charakteristiken eines vorgeschichtlichen Weges weist auf der von Kofler angedachte, von Wolff für wahrscheinlich gehaltene und von Görich entschieden abgelehnte rein hypotheische vorrömische Wegzug durch die Täler von Nidda und Nidder vom römischen Nida bis vor den Glauberg. Auf seiner Trasse hat Wolff eine römische Nachfolgestraße angenommen. Sie bezeugender römischer Straßenkörper hat sich allerdings bislang an keiner Stelle gefunden[59], auch ist das Niddertal zwischen Heldenbergen und Altenstadt für grade Straßenführung denkbar ungeeignet. Die später vorhandene Talstraße ist als Schöpfung des Hochmittelalters anzusehen.

Dementsprechend passt auch die zuerst von Kofler angenommene und von Müller übernommene (von Altenstadt über Rodenbach führende) Überleitung von der hypothetischen Niddertalstraße zur rechten Nidder(höhen)straße zu keiner alten Straße. Der angenommene Weg wäre erst durch einen Ort und dann tief auf der Nordseite in einer nassen Senke verlaufen. Im 18. Jahrhundert wurde die Straße rechts der Nidder jedenfalls von Altenstadt aus

---

[59] nach KOFLER: *Alte Straßen in Hessen* (wie Anm. 11) S. 149 wurde bei der von ihm geleiteten Ausgrabung des Kastells in Altenstadt **"eine nach dem Kastelle führende Römerstraße nicht aufgefunden"** - Bedarf einer dritten Straße zwischen Hoher Straße und der Straße Okarben-Marköbel ist ebensowenig ersichtlich wie der einer eigenen Militärstraße zwischen Heldenbergen mit nurmehr aufgelassenem Kastell und dem kleineren Limeskastell Altenstadt.

über die Glauberger Mühle und Effolderbach beim Bieberberg erreicht. In den Karten der ersten Hälfte des 19. Jahrhunderts ist keine über Rodenbach führende Straße belegt. Überhaupt hat es eine *"Frankfurter Straße"* auf der Höhe rechts der Nidder südlich des Bieberbergs nie gegeben.

Völlige Umgestaltung der Alten Straße

Noch im frühen Mittelalter setzte eine Entwicklung ein, die den Verlauf der Straße des Glaubergs in zahlreichen Schritten völlig veränderte. Gegen Ende des 18. Jahrhunderts folgte die Straße, - jetzt meist *"Frankfurter Straße"* genannt, - nur noch auf den Strecken Bieberberg-Eckartsborn und Schlechtenwegen-Blankenau der alten Trasse[60]. Überwiegend wurden nicht einmal mehr die alten Höhenrücken benutzt, sondern auf günstigere Höhenzüge und in Täler ausgewichen. Schließlich hat der neuzeitliche Straßenbau den Verkehr im Vogelsberg auch von dieser neuen Gestalt der Straße weggelenkt, und neue Waldwege sowie Flurbereinigungen haben ihre im Ganzen noch erhaltene Trasse an vielen Stellen abkommen lassen.

1. An die Stelle der vorrömischen Strecke auf der Höhe links der Nidder Bergen-Düdelsheimer Suder-Glauberg war im Hochmittelalter die Straße Bergen-Glauberg durchs Niddertal getreten.

In nachrömischer Zeit war für den Verkehr zum Glauberg zunächst wohl vor allem die alte Römerstraße Karben-Marköbel und die an sie anschließende Strecke Ohlenberg-Düdelsheimer Suder genutzt worden. Beide verloren ihre alte Bedeutung mit dem Aufkommen von Frankfurt und dem im Zuge der Gründung von Fulda und der Sachsenkriege eintretenden Bedeutungsverlust des Glaubergs. Der Hauptverkehr nach Osten lenkte nun wieder wie in vorrömischen Zeiten auf die *"Hohe- oder Reffenstraße"* schon ab der Höhe bei Bergen ein und ließ den Glauberg abseits liegen. Endgültig untergegangen ist der Teil der Glaubergstraße links der Nidder ab der römischen Straße wohl erst mit dem Aufkommen der Talstraße Bergen-Glauberg, der im Großen und Ganzen auf der Strecke Altenstadt-Bergen die heutige B521 entspricht. Kurz vor Altenstadt schwenkte die mittelalterliche Straße auf einen weitgehend

---

[60] Die seinerzeitige Strecke von Crainfeld bis Bergen zeigen in Abgrenzung des Darmstädter Geleitsdistrikts zur Grafschaft Hanau die Karten STA DARMSTADT P1 Nr. 692, auch STA MARBURG Urk. O I a 1698/IX/28, veröffentlicht in F. WOLFF: *Wetterau und Vogelsberg in alten Landkarten* = GESCHICHTE UND KULTUR IN WETTERAU UND VOGELSBERG II (Sparkasse Wetterau Friedberg 1994) S. 46
Die Strecke Glauberg-Dorfelden zeigt in Abgrenzung Darmstadt-Burgfriedberg eine Karte von 1725 im STA DARMSTADT P1 Nr. 846/1
Die Strecke Bieberberg-Bergen zeigt die Darmstädter Geleitskarte von 1790/92 (**Karte 1**)
Die Strecke von der Glauberger Mühle bis Eckartsborn bzw. Ortenberg zeigt die Karte des 18. Jh. im STOLBERG. GEAMTARCHIV ORTENBERG (**Karte 2**); dort finden sich auch Beschreibungen der Strecken Crainfeld-Bergen bzw. Burkhards-Konradsdorf.

verschwundenen Bogen um den Ort (im 19. Jahrhundert *"Eselsweg"*) ein, um dann als Anfang des 19. Jahrhunderts noch sichtbarer und *"Ortenberger Straße"* genannter Weg (mit einem leichten Bogen bis zum Rodenbach und unter Überquerung von zwei größeren Bodenwellen) relativ gradlinig auf die Glauberger Mühle zuzustreben[61]. In den Gemarkungen Altenstadt, Rodenbach, Lindheim und Heegheim ist diese Strecke heute bis auf ein kurzes Stück hinter der K235 und ein Stück der K237 zwischen Heegheim und Glauberg verschwunden.

Sicher bezeugt ist diese Talstraße 1365 durch das Weistum des Stiftes Mockstadt in der Gemarkung Heegheim[62]. Zu dieser Straße gehört auch der im 16. Jahrhundert bezeugte (und noch im 18. Jahrhundert stehende) umfriedete Wartturm auf der Grenze der Gemarkungen Glauberg/Heegheim in der Linie eines breiten Geländestreifens mit *"deutlichen Spuren eines breiten Grabens mit Wall"*[63]. Zuordnung und Zeitstellung sind nicht geklärt.

2. Die Strecke Glauberg-Steinberg auf der rechten Seite der Nidder teilte sich in zwei deutlich abkürzende Stränge. Die Höhenrücken der Glaubergstraße nutzten sie nur noch in Teilen, die alte Trasse lediglich noch zwischen Bieberberg und Eckartsborn.

a. An die Stelle der alten Strecke Glauberg-Bieberberg über den Höhenrücken rechts der Nidder trat die kürzere Verbindung Glauberg-Leustadt-Effolderbach-Bieberberg, die es vielleicht schon zur Zeit der Entstehung der

---

[61] 1. Verlauf um Altenstadt: den nur noch teilweise vorhandenen Weg um Altenstadt hat die große Geleitskarte von 1790/92 (**Karte 1**) als *"Alte Straße"* - die GROßHERZOGL. HESS. GENERALSTABSKARTE FRIEDBERG von 1840 (**Karten 6**) weist den Weg noch aus, teilweise allerdings nur noch als Fußpfad - in den FLURKARTEN VON ALTENSTADT 1846/48 (wie **Karten 7**) findet er sich noch als *"Eselsweg"* – auch das MESSTISCHBLATT 3328 ALTENSTADT von 1905 (**Karten 13**) zeigt noch den Weg.
2. Verlauf Altenstadt-Glauberg: die *"Ortenberger Straße"* (hinter Altenstadt auch *"Frankfurter Straße"*) ist zwar heute weitgehend verschwunden, lässt sich im Gelände aber teilweise noch erkennen. Die Geleitskarte von 1790/92 (**Karte 1**), die GROßHERZOGL. HESS. GENERALSTABSKARTE FRIEDBERG von 1840 (**Karten 6**) und die FLURKARTEN ALTENSTADT 1846/48, RODENBACH 1846/50, GLAUBERG 1836/40 (**Karten 7**) weisen diesen Straßenzug noch aus.
[62] Die Mockstädter Grenzbeschreibung von 1365 kennt bereits diese Straße (*"züschen Glauberger und Högheimer Walde biß an die Holder Studen die Anwande herabe und da ane die Strassen hin, alß der Herren Wiesen windet, biß an das alt Wasser hinnieder biß uff den Nidorn und den Nidorn nider biß uff das Müllen Were"* (G. LANDAU: Beschreibung des Gaues Wettereiba (Kassel 1855) S. 27f) - Die Strecke vor Glauberg zeigt der Plan STA MARBURG P II 10144 des 16. Jahrhunderts (veröff. von WOLFF: WETTERAU UND VOGELSBERG IN ALTEN LANDKARTEN (wie Anm. 60) S. 28)
[63] MÜLLER: Alte Straßen I (wie Anm. 27) S. 50f - der Plan STA MARBURG P II 17393 aus dem 16. Jh. (veröff. von WOLFF: WETTERAU UND VOGELSBERG IN ALTEN LANDKARTEN (wie Anm. 60) S. 20) zeigt die Warte mit Einfriedung an der an Glauberg vorbeilaufenden *"Frankfurter Straße"* - Geleitskarte von 1790/92 (**Karte 1**)

Wasserburg Leustadt gab. In den Karten des ausgehenden 18. Jahrhunderts findet sich nur noch diese Strecke, die alte Strecke über den Höhenrücken ist nicht ausgewiesen. Bereits im Mockststädter Weistum und in den Mockstädter Ackerbüchern des 16. Jahrhunderts ist sie nicht erwähnt.

Eine weitere Abkürzung zwischen Eckartsborn und Glashütten auf der rechten Seite des Hillersbaches führte von der alten Straße hinter Eckartsborn auf die Trasse der heutigen K200, zog weiter als *"Hohe Straße"* auf der Wasserscheide von Laisbach und Hillersbach, überschritt bei Glashütten den Hillersbach[64] und lenkte - später jedenfalls über den Straithain - wieder auf die alte Hohe Straße bzw. deren Nachfolgerstraße ein. Die bereits von Kofler vorgegebene, von Müller abgelehnte und von Görich dann mehrfach vorausgesetzte direkte Verbindung auf der Wasserscheide von Eckartsborn über den Hof Zwiefalten auf die Höhe ist eine unhaltbare Konstruktion. Sie gab es auch im 18. Jahrhundert nachweislich noch nicht, und Spuren von ihr finden sich im Gelände nirgendwo[65].

Ein Ausweichen auf die Trasse rechts des Hillersbaches von Eckartsborn bis Glashütten liegt an sich auf der Hand, da hier statt des starken An- und Abstiegs von über 100 m bei Lißberg nur der wesentlich mildere von weniger als der Hälfte bei Glashütten zu bewältigen ist. Der heute noch fast durchweg erhaltene Wegzug weist indes an keiner Stelle das Erscheinungsbild einer älteren Straße auf. Auch folgt die Rechte Nidderstraße sonst durchgehend dem Lauf dieses Flusses. Schließlich bot sich ein Übergang bei Lißberg auch aus militärischen Gründen an. Belegt ist der Wegzug rechts des Hillersbachs erst im Lißberger Salbuch von 1578[66], einige Jahrzehnte nach der Gründung von Glashütten. Sollte der Flurname *"Platte"* sich auf ihn beziehen, müsste er allerdings älter sein.

b. Der andere Strang setzte sich zunächst als Talweg Konradsdorf-Selters-Ortenberg-Untereckartsborn-Lißberg fort und schloss dort an den alten Straßenzug der Glaubergstraße in Richtung Burkhards an. Oberhalb von Hirzenhain geht die zum Teil breite Trasse direkt auf der Höhe wohl auf bewusste Verlegung von Seiten Hessens aus dem Landgericht Ortenberg und dem Hirzenhainer Klosterbezirk zurück.

---

[64] die von Müller beim Straithain lokalisierte **"Pfaffenfurt"** lag weiter unten bei Igelhausen

[65] Wie Fritz SAUER 1968 dem Verf. versicherte, führte eine eingehende Suche vor Ort mit dem "Straßenmüller" zu keinem Ergebnis - es gibt aber im Gegenteil eine von MÜLLER: *Alte Straßen* II (wie Anm. 29) S. 84 zitierte schriftliche Einlassung des Darmstädter Ministers Moser vom Ende des 18. Jahrhundets, dass es damals immer noch keine Wegverbindung gab (**"wenn die Straße von Zwiefalten aus nicht auf die Glashütte, sondern etwas rechter Hand auf der Höhe gerade fortgeführt würde"**!*)*

[66] Angaben über das *"Herrnfeld"*, STA DARMSTADT C2 Salbuch Lißberg 1578

Nachweislich neueren Datums ist der jüngste Verlauf der Straße von Lißberg nach Burkhards auf der heutigen Kreisgrenze nördlich von Steinberg, wo die rechts des Hillersbachs abkürzende Hohe Straße sich mit ihr vereinigte. Diese Trasse wurde nach 1572 nach der Neufestlegung der Landesgrenze zwischen Hessen und der Grafschaft Königstein auf der neuen Grenze völlig neugeschaffen.

3. Die höchsten Teile der Glaubergstraße zwischen Burkhards und Schlechtenwegen kürzte die schon um 1100 belegte *"Fuldaer Straße"* ab, die vermutlich in dem zwischen Burkhards und Herchenhain/Crainfeld über den Hang hinaufkommenden Teil eine Verbindung von Rechter und Linker Nidderstraße war. Nach ihrer Abzweigung bei Burkhards erreichte sie Herchenhain quer über den Hang und lief von dort auf der Wasserscheide zwischen Schwarza und Lüder – vielleicht auf der Trasse der alten *"Linken Nidderstraße"* - bis zum Übergang über die Schwarza in Steinfurt, um vor Schlechtenwegen (wo sie als alte Straße im Wald noch gut zu erkennen ist) die Glaubergstraße wieder zu erreichen. Diese Straße durchzieht bereits mehrere Ortschaften. Zwischen der Meyerbruchquelle unterhalb des Grebenhainer Bergs und Schlechtenwegen kam die Glaubergstraße (die um 1100 bereits *"Hohe Straße"* hieß) wohl schon im Mittelalter außer Gebrauch; heute hat sie sich im Gelände weitgehend verloren.

Die alte auf dem Höhenrücken rechts der Nidder an Burkhards und Sichenhausen vorbei laufende Straße schlug beim Rehberg oberhalb von Sichenhausen eine völlig andere Richtung nach Norden auf Lanzenhain und Lauterbach ein[67]. Auch in diesem geänderten Verlauf wurde die Straße ersetzt. Vermutlich erst in Verbindung mit dem Bau des Jagdschlosses Zwiefalten trat an ihre Stelle eine völlig neue Straßenführung Glashütten-Zwiefalten-Knallhütte (unterhalb des Hoherodskopf)-Lanzenhain-Herbstein-Lauterbach[68].

4. Auch der letzte Teil der Glaubergstraße zwischen Blankenau und Rodges wurde im Laufe des Mittelalters ersetzt. Nach dem zu allen Zeiten für alte und neuere Höhenwege genutzten alternativlosen Wegstück zwischen Schlechtenwegen und dem Remmelsberg oberhalb von Blankenau ging die neue Landstraße überaus steil und damit sehr untypisch für die alte Zeit hinab nach Blankenau und von dort weiter im Tal bis Kleinlüder, um auf der andern Seite der Lüder auf der Nordseite des Vemel an der Schnepfenkapelle vorbei Fulda zuzustreben.

---

[67] in den HAASSCHEN SITUATIONSPLAN von 1788 (**Karte 3**) noch eingetragen
[68] als wichtigere Verbindung eingetragen in die ÖSTERREICHISCHE MILITÄRKARTE von 1797 im Wiener Kriegsarchiv (**Karten 5**) - der HAASSCHE SITUATIONSPLAN von 1788 (**Karte 3**) lässt die Hauptverbindung nach Ulrichstein, Nebenverbindungen nach Lanzenhain und Herchenhain gehen.

Die dritte Bonifatius-Überführung und ihr Weg

Quellen und Karten

Quellen zur Überführung:

Hauptquellen sind drei frühmittelalterliche Darstellungen zum Leben des Hl. Bonifatius:
Quelle 1. Willibaldi Vita S. Bonifatii, auf Veranlassung von Bischof Lull von dem angelsächsischen Presbyter Willibald in Mainz geschrieben (ca. 765)
Quelle 2. **Passio S. Bonfatii (**oder **Vita Quarta Bonifatii)**, von einem unbekannten Mainzer Kanoniker (Erste Hälfte 11. Jh.)
Quelle 3. Othloni Vita S. Bonifatii, von dem zeitweilig in Fulda lebenden Bendiktiner Othloh (ca. 1065)
Diese drei Lebensbeschreibungen wurden mehrfach herausgegeben (u.a. in den verschiedenen Ausgaben der ACTA SANCTORUM, den älteren MONUMENTA GH, einer für den Schulgebrauch bestimmten Sonderausgabe von Ph. Jaffé (Berlin 1866)), maßgeblich ist jetzt die kritische Ausgabe aller Viten von W. Levison, in: MONUMENTA GH SS RERUM GERMAN. 57 (Hannover 1905, Neudruck 1977) - deutsche Übersetzung (der Viten von Bonifatius und der Sturmi-Vita von Eigil) zuletzt von M. Tangl, in: GESCHICHTSCHREIBER DER DEUTSCHEN VORZEIT 13 (3. Aufl. Leipzig 1920, 4. Aufl. Leipzig 1945)

Quelle 4. Die Bonifatiusüberführung behandelt außerdem die Darstellung des Lebens des ersten Fuldaer Abtes Sturmius **Eigilis Vita S. Sturmi**, geschrieben vom späteren 4. Abt von Fulda Eigil, einem Verwandten von Sturmius und nur im Benediktinerorden anerkannten Heiligen (Ende 8. Jh). Das Werk wurde mehrfach veröffentlicht (von BROWER, SURIUS, SCHANNAT, ACTA SANCTORUM O.S.B.), zuletzt in den MONUMENTA GH, SCRIPTORES II, 365-377 (Hannover 1829) und in kritischer Neuedition von P. ENGELBERT OSB: *"Die Vita Sturmi des Eigil von Fulda"* = VERÖFFENTLICHUNGEN DER HIST. KOMMISSION FÜR HESSEN UND WALDECK 29 (Marburg 1968) - deutsche Übersetzung von M. Tangl (wie Quelle 4) sowie von D. HELLER, in: DIE ÄLTESTEN GESCHICHTSSCHREIBER DES KLOSTERS FULDA = VERÖFFENTLICHUNGEN DES FULDAER GESCHICHTSVEREINS 30 (Fulda 1952)

Quelle 5. Ein Hinweis auf die Überführung findet sich noch in der Gedichtstrophe des 856 als Erzbischof von Mainz gestorbenen Theologen und Heiligen Hrabanus Maurus **Hrabani Mauri Poemata de Diversis** no 84, in: MIGNE: PATROLOGIAE SERIES LATINA 112 (Paris 1852) S. 1635 und (als *"Hrabani Mauri Carmina, Tituli Ecclesiarum 57"*) in: MONUMENTA GH, POETAE LATINI II 154-214 (Berlin 1884, Nachdr. 1978)

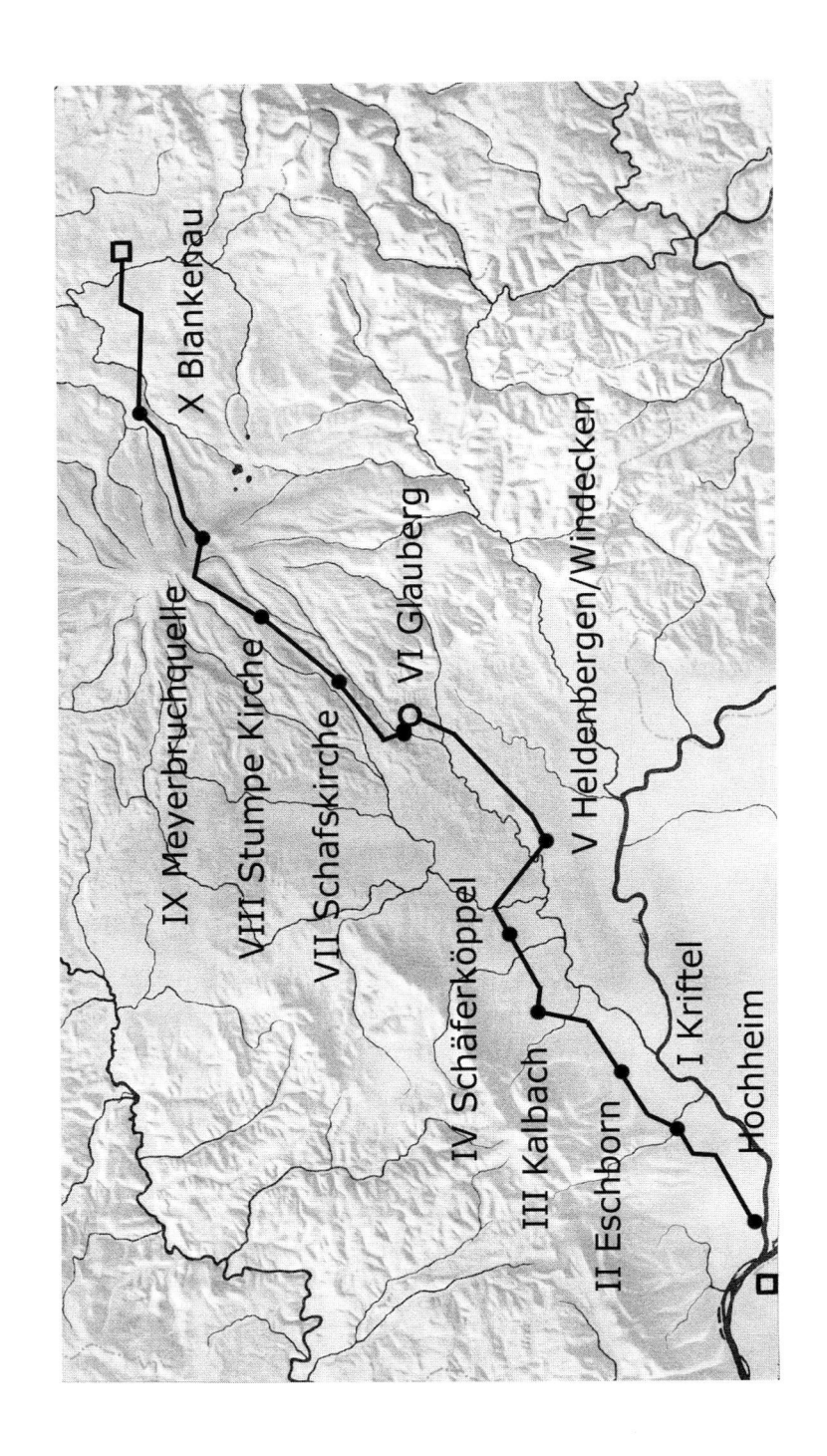

X Blankenau
IX Meyerbruchquelle
VIII Stumpe Kirche
VII Schafskirche
VI Glauberg
V Heldenbergen/Windecken
IV Schäferköppel
III Kalbach
II Eschborn
I Kriftel
Hochheim

42

Quelle 6. Auf eine heute verlorene ältere Quelle zurück gehen könnten die kurzen Mitteilungen in der Lectio VI der Matutin für das geplante Fest der Translation des Hl. Bonifatius zum 3. Dezember im **Entwurf eines Propriums Fuldaer Eigenfeste für Missale und Brevier von 1723** (LANDESBIBLIOTHEK FULDA, Handschrift 4° Aa 156d)

Quellen zur Überführung sind außerdem die Belege für die Rast bei Kalbach, den Rastplatz bei Kriftel und die beiden Bonifatiusbrunnen bei Windecken und vor dem Grebenhainer Berg (s.im Einzelnen u.)

Karten zum Überführungsweg:

1) Flächendeckende:

Das gesamte Gebiet des Überführungswegs abdeckende Karten schuf das 19. Jahrhundert (mit einigen Vor- und Nachjahren). Hierbei kam dem Hessen-Darmstädtischen Militär eine Vorreiterrolle zu:

- Eine Sonderrolle spielen bei Streitigkeiten um das Hessen-Darmstädtische Geleitsrecht zu Ende des 18. Jahrhunderts entstandene reine Straßenkarten ohne Aufnahme des sonstigen Geländes:

Karte 1. Eine erste exakte Aufnahme des Straßensystems der Wetterau erstellte ein Hessen-Darmstädter Militär mit der **Karte von einem Theil der Wetterau, worin das Hochfürstl. Haus Hessen-Darmstadt die Gelaitsgerechtigkeit hergebracht hat**, aufgenommen und gezeichnet von Georg Friedrich Werner 1790-92. Den römischen Straßenzug von Bonames über Okarben nach Heldenbergen weist diese Karte noch aus (Fotokopie des im Krieg im StADarmstadt untergegangen Originals befindet sich im Landesamt für geschichtliche Landeskunde in Marburg).

Karte 2. Nur ein geringes Stück in Richtung Vogelsberg erweitert wird diese Karte von der **Straßenkarte im Stolbergischen Gesamtarchiv Ortenberg**, Bestand Gedern X,7 (18. Jh.)

- An der Wende zum 19. Jahrhundert schuf der dem Hessen-Darmstädtischen Militär angehörende J. Heinrich Haas für einzelne Gebiete, durch die der Überführungsweg verläuft, erste das gesamte Gelände bereits relativ exakt erfassende Karten:

Karte 3. Den Anfang machte er als Unteroffizier 1788 in seiner Heimat auf der Höhe des Vogelsbergs mit dem **Situationsplan einer Gegend von dem höchsten Gebürge vom Vogelsberg**. Auf dieser Karte ist die alte Glaubergstraße von der Höhe oberhalb von Kaulstoß bis zur Lichtung bei der Meyerbruchquelle noch fast ganz eingezeichnet (Original in der Landes- und Hochschulbibliothek Darmstadt - Nachdruck durch das Hess. Landesvermessungsamt in Wiesbaden).

Karten 4. Exaktere Aufnahme des Geländes zur Voraussetzung haben auch die ebenfalls von Haas, nunmehr Darmstädter Artillerieleutnant, erstellten **Haasschen Situationskarten** des Gebiets zwischen Rhein und unterem Main (1:30380).

1800/1801 entstanden die drei Blätter 7, 6, 9, die die Gegend nördlich des Mains von Hochheim bis Frankfurt zeigen. Auf ihnen sind Straßen und Wege zwischen Hochheim und Bonames (und dabei fast der gesamte Überführungsweg) detailliert verzeichnet (Nachdruck durch das Hess. Landesvermessungsamt).

Karten 5. Auf wohl nur groben Abpeilungen beruhen dagegen die unter Leitung des österreichischen Generalmajors Johann Heinrich von Schmitt 1797 eilig aufgenommenen **Schmittschen Karten von Südwestdeutschland** (1:57600). Die Blätter 46, 49, 67, 69 betreffen den Überführungsweg. Die Geländeverhältnisse sind noch wenig exakt und oft unzutreffend wiedergegeben und in sie ein Wegenetz eingezeichnet. Da die Karten kaiserlichen Militärbewegungen dienen sollten, wurde dabei vor allem auf militärisch interessante Wege abgestellt. Wegereste sind daher nicht berücksichtigt. Für die Erforschung des Überführungsweges geben diese Karten nur wenig her (Originale im Österreichischen Kriegsarchiv in Wien, Nachdruck der das heutige Hessen betreffenden Karten durch das Hess. Landesvermessungsamt).

- Noch in der ersten Hälfte des 19. Jahrhunderts wurde das Großherzogtum Hessen kartographisch voll erschlossen:

Karten 6. Das gesamte Gebiet des Großherzogtums verzeichneten im Maßstab 1:50000 die **Karten des Großherzogl. Hess. Generalstabs.** Den Überführungsweg betreffen die Blätter RÖDELHEIM (1833) - FRIEDBERG (1840) - BÜDINGEN (1837) - SCHOTTEN (1838) - HERBSTEIN (1840). Sie entsprechen in der gezeigten Fläche bereits fast präzise den Blättern Frankfurt/M-West - Friedberg - Gelnhausen - Schotten - Herbstein der heutigen topographischen Karten 1:50000, zeigen aber nur das Gebiet des Großherzogtums. Sie decken fast den gesamten Überführungsweg ab und enthalten noch eine Fülle später verschwundener Nebenwege (Nachdruck durch das Hess. Landesvermessungsamt).

Karten 7. Hiermit einher ging eine umfassende, mit dem Fortgang der Jahre immer exakter werdende kartographische Erfassung auch der einzelnen Gemarkungen. Die nun flächendeckend für das Großherzogtum erstellten **Flur- und Parzellenkarten** zu den Grundbüchern sind die umfassendste Aufnahme des Zustandes vor den Feldbereinigungen.

Den Überführungsweg betreffen die Flurkarten für NIEDER-ESCHBACH 1845, KLOPPENHEIM 1852/57, OKARBEN 1855/59, GROß- UND KLEINKARBEN 1856/63, BÜDESHEIM 1853/63, HELDENBERGEN 1852, LANGENBERGHEIM 1832, ECKARTSHÄUSER UNTERWALD 1832, HIMBACH 1832, DÜDELSHEIM 1831, GLAUBERG 1836/40, NIEDER-MOCKSTADT 1831, LEUSTADT 1831, EFFOLDERBACH 1836/38, BELLMUTH 1838, WIPPENBACH 1836/39, BOBENHAUSEN 1836, ECKARTSBORN 1838, LIßBERG 1836/38, HIRZENHAIN 1836/38, GLASHÜTTEN 1831, STEINBERG 1836/38, GEDERN 1836/44, BURKHARDS 1829, KAULSTOß 1832, SICHENHAUSEN 1832, HERCHENHAIN 1828, GREBENHAIN 1832, ILBESHÄUSER WALD 1855/56, ILBESHAUSEN 1855/56, VAITSHAIN 1852/53, NÖSBERTS 1850, WEIDMOOS 1850, ALTENSCHLIRF 1851, STEINFURT 1854/62, SCHLECHTENWEGEN 1843/49, STOCKHAUSEN 1847/49.

Die Flurkarten wurden in jeweils drei Exemplaren für das Landeskatasteramt in Darmstadt, die Katasterämter bei den Landkreisen und die einzelnen Gemeinden erstellt. Die von Kofler und Müller systematisch benutzten Exemplare des

Landeskatasteramtes sind im Krieg untergegangen, die der Katasterämter bei den Kreisen verwahrt heute die Abteilung P4 des StA Darmstadt. Soweit festgestellt, sind die Gemeindexemplare in den Gemeindearchiven durchgehend erhalten.

- Etwas später erfolgte die kartographisch exakte Aufnahme des Gebietes des Kurfürstentums Hessen.

Karten 8. Den Überführungsweg betreffen die drei 1854-56 gleichfalls im Maßstab 1:50000 herausgegebenen Blätter der **Höhenschichtenkarten vom Kurfürstentum Hessen**: Nr. 34 BOCKENHEIM - Nr. 30 NAUHEIM (mit Windecken) - Nr. 28 NEUHOF, die noch eine Reihe später verschwundener Wege zeigen. Sie entsprechen in der gezeigten Fläche beinahe präzise den heutigen topographischen Karten 1:50000 Frankfurt am Main West - Friedberg – Herbstein, beschränken sich aber (wie ihre Großherzoglich Hessische Entsprechung) auf das eigene Staatsgebiet, während sie das Großherzogtum nur in den Orten und einigen Verbindungswegen andeuten (Nachdruck durch das Hess. Landesvermessungsamt). Mit unverändertem Inhalt, aber ohne Höhenschichten wurden diese Karten einige Jahre später auch im Maßstab 1:25000 auf vierfacher Anzahl von Blättern herausgegeben, die im Umfang den heutigen Messtischblättern fast genau entsprechen, aber ebenfalls nur das kurfürstliche Staatsgebiet zeigen (ebenfalls Nachdruck durch das Hess. Landesvermessungsamt).

Karten 9. Etwa zur gleichen Zeit wurden auch im Kurfürstentum für einzelne Gemeinden detaillierte **Flurkarten** erstellt: WINDECKEN 1858/62 (STA MARBURG PII Nr. 1219/I), OSTHEIM 1856 (ebd. PII Nr. B673), OSTHEIMER MARKWALD 1830 (ebd. PII Nr. 15.674), BLANKENAU 1845 (ebd. PII Nr. 5862), KLEIN-LÜDER 1845 (ebd. PII Nr. 7248).

Karten 10. Unter preußischer Mitwirkung erschienen 1820 **Topographische Karten für das Herzogtum Nassau**. Den Überführungsweg betreffen Nr. 45 HOCHHEIM, Nr. 43 OBERURSEL (Nachdruck durch das Hess. Landesvermessamt).

Die 1833 in Frankfurt zuerst erschienene, genau gezeichnete **Topographische Karte der Umgegend von Frankfurt von August Ravenstein** greift über mehrere Staatsgebiete aus und wurde im Laufe des Jahrhunderts immer wieder angepasst und neuaufgelegt.

- Kartographisch eine neue Zeit begann mit der Ersterstellung der modernen Messtischblätter 1:25000 in der zweiten Hälfte des 19. Jahrhunderts. Einen Anfang machten auch hier um 1860 Hessen-Darmstädtische Militärkartographen.

Karten 11. Die drei um 1860 entstandenen bereits auf trigonometrische Landesvermessung zurückgehenden **Karten des Großherzogl. Hess. Generalquartiermeisterstabs** im Maßstab 1:25000: KARTE VON DER UMGEBUNG VON MAINZ (Raunheim-Hochheim) - KARTE DER UMGEBUNG VON FRANKFURT (Rödelheim) - KARTE DER UMGEBUNG VON FRANKFURT (Offenbach-Frankfurt) entsprechen in Form und gezeigter Fläche bereits den späteren Messtischblättern. Auf dieser Fläche stufen sie nicht zwischen Staatsgebieten ab. Sie zeigen zahlreiche Straßen und Wege zwischen Hochheim und Bonames (Nachdruck durch das Hess. Landesvermessungsamt).

Karten 12. Mit nur wenigen Änderungen wiederholen diese Vorläufer die nach der Einverleibung von Nassau und Frankfurt in das Königreich Preußen **"vom Kgl. Preuß. Generalstab 1867 aufgenommenen** und vom Kgl. Ministerium für Handel 1876 herausgegebenen" Blätter 49 HOCHHEIM und 43 RÖDELHEIM.

Karten 13. Gegen Ende des 19. Jahrhunderts entstanden Erstausgaben der wesentlich detaillierteren modernen **Messtischblätter**, die in Maßstab und Einteilung denen der Vorläufer entsprechen. Die einzelnen Blätter wurden zunächst für das Großherzogtum Hessen und die nunmehr preußischen Gebiete separat (mit Volldetails jeweils nur für das eigene Staatsgebiet, wenn mehrere Staatsgebiete auf ein Blatt entfielen) erstellt und erst zu Beginn des 20. Jahrhunderts zu gemeinsamen Messtischblättern vereinheitlicht. Soweit sie noch den Zustand vor den Flurbereinigungen wiedergeben, sind sie eine wichtige Quelle für alte Wegeverläufe. Viele dieser Messtischblätter geben aber nur noch den Zustand nach Flurbereinigung wieder und sind diesbezüglich daher nur wenig informativer als die aktuellen Blätter.

Nach den heutigen Nummern gegliedert liegen für den Bereich des Überführungsweges vor:

5916 Hochheim = Hess. Blatt RAUNHEIM 40 (1895-96), Preuß Blatt HOCHHEIM 3408 (1904)

5817 Frankfurt-West = Hess. Blatt STEINBACH 35 (1900), Preuß. Blatt FRANKFURT A. M. WEST 3371 (1906)

5818 Frankfurt-Ost = Hess.Blatt OFFENBACH 36 (1896/97), Preuß. Blatt FRANKFURT A.M. 3372 (1906)

5718 Ilbenstadt = Hess. Blatt RODHEIM 32 (1902-04), später Preuß.Nr. 3327

5719 Altenstadt = Hess.-Preuß. Blatt ALTENSTADT 33/3328 (1905)

5720 Büdingen = Hess.-Preuß. Blatt BÜDINGEN 34/3329 (1919/20)

5619 Staden = Hess. Preuß. Blatt STADEN 28/3278 (1912)

5620 Ortenberg = Hess.-Preuß. Blatt ORTENBERG 29/3279 (1914/15)

5520 Nidda = Hess.-Preuß. Blatt NIDDA 23/3224 vor (1918)

5521 Gedern = Hess.-Preuß. Blatt GEDERN 24/3225 (1916/19)

5421 Ulrichstein = Hess.-Preuß. Blatt ULRICHSTEIN 18/3169 (1914/15)

5422 Herbstein = Hess.-Preuß. Blatt HERBSTEIN 19/3170 (1909)

5423 Großenlüder = Hess.-Preuß. Blatt GROSSENLÜDER 3171 (1907)

Lichtpausen sind (bis auf 5423) beim Hess. Landesvermessungsamt erhältlich.

2) Örtliche:

(im Einzelnen s.u.)

Für die den Tagesstrecken vorangestellten Einzelkarten zum Verlauf des Überführungsweges dienten als Grundlagen Ausschnitte aus den Topographischen Karten 1:50 000 des Hessischen Landesvermessungsamtes

Fasten, Beten und Singen auf den Weg nach Utrecht gemacht und dort *"mit Gewalt den heiligen Leib weggeführt"* habe[73]. Othloh berichtet denn auch, dass eine von Lull ausgewählte Abordnung (die sowohl zu Schiff als auch zu Pferd nach Utrecht ging) so stark gewesen sei, dass man ihr gar nicht hätte widerstehen können[74]. Es folgte daher die zweite Überführung, nach Mainz. Da sich der Verkehr zwischen Utrecht und Mainz auf einem großen Fluss abspielte, könnte ein Zeitraum von 3-4 Wochen für diese Vorgänge tatsächlich ausgereicht haben.

Bei der zweiten Überführung - von Utrecht nach Mainz - sei das Schiff eher durch den Gesang von Psalmen und Hymnen als Rudern den Fluss hinaufgekommen[75]. Nach Eigil lag der tote Bonifatius dabei immer noch auf seiner Bahre[76]. Nach Hrabanus Maurus überführte man ihn indes in einem Totenbaum (mit Pech versiegeltem ausgehöhltem Baumstamm, der vielleicht als Reliquie in Mainz blieb)[77]. Padberg geht davon aus, dass der Körper in Utrecht einer Behandlung unterzogen wurde (Präparierung mit Flüssigkeiten aller Art und Einwickeln in Konservierungstücher). Auch hält er für wahrscheinlich, dass die Innereien bereits in Utrecht herausgenommen wurden.

Nach der Überlieferung traf die feierliche Überführung über den Rhein am Freitag, 5. Juli, - dreißigsten Tag nach dem Martyrium - in Mainz ein[78]. Da dies ein in der Totenliturgie vorgesehener Tag war, dürfte er für die Ankunft im Vorhinein eingeplant worden sein. Nicht zufällig wäre dann auch eine große Menge von allenthalben her zusammengeströmt[79] und Bischof Lull rechtzeitig vom königlichen Hof zurückgekommen. Der Körper wurde feierlich in den

---

[73] *"congregata multitudine oryentalium, venerabilium virorum, clericorum, monachorum, simulque et laicorum, condicto ieiunio cum psalmodiis et orationibus, perrexerunt et cum vi sanctum corpus abstulerunt"* (Passio)

[74] *"quia multitudini advenientium congredi non posse viderunt"* (Othloni Vita)

[75] Aus dem noch zurückhaltenderen *"cum psalmis hymnisque honorifice ablatum, ac sine remigantium labore...perductum"* (Willibald) ist im Brevierentwurf von 1723 bereits geworden: *"ascendente scilicet adverso Rheno nave velis ac remigio destituta"*

[76] *"grabatum absque ulla difficultate levantes"* (Eigil)

[77] *"cum theca hac rite locatus"* (Hrabanus Maurus)

[78] *"tricesima obitus sui die perductum est ad civitatem supradictam Magonciam"* (Willibald). Den dreißigsten Tag hat auch die Passio. - Als dreißigster Tag wird oft der 4. Juli angesehen, doch war sicher der nächste dem 5. Juni entsprechende Monatstag gemeint. In einem CALENDARIUM SANCTAE SEDIS MOGUNTINAE aus dem 17. Jh. findet sich denn auch zum 5. Juli ausdrücklich *"Ankunft S. Bonifacii corpus von Utrecht nacher Maintz"* (STADTBIBLIOTHEK MAINZ, Nachlass des Severus)

[79] *"de longinquis longe lateque regionibus multi virorum ac mulierum fidelium ad tanti viri mortis obsequia convenerant"* (Willibald)

alten (Martins)dom[80] überführt (vermutlich die heutige Johanniskirche).

Dort wurde der Leib *"nach der Sitte gewaschen"*. Dabei sei wunderbarerweise Blut ausgetreten. Das so durchtränkte Wasser habe Lull in einem Behältnis gesammelt und nördlich des alten Domes (wo im 11. Jahrhundert eine höchst angesehene Bonifatiuskirche gestanden habe) bestattet[81]. Austreten des Blutes und Aufstellung eines Hochgrabes besingt im 9. Jahrhundert ein Vers von Hrabanus Maurus, der sich dabei als Ort auf eine "Marienkirche" bezieht[82]. Aus dem Wortlaut ergibt sich am ehesten, dass ein Hochgrab besungen wird an der Stelle, an der das Blut austrat. Gemeint sein könnte aber auch die Stelle, an der das Blut begraben wurde. In ersterem Falle (Annahme des Aufstellungsortes des Hochgrabes im Alten Dom) könnte es sich eigentlich nur um einen (zumal bei Abkürzungen oder Beschädigungen leicht nachvollziehbaren) Lesefehler für "Mariae" statt "Martin" oder sonst einen Fehler der Kopisten handeln. Im zweiten Fall (Annahme der über dem Blutgrab errichteten neuen Kirche neben dem alten Dom) wäre - wenig wahrscheinlich - dem später erwähnten Bonifatius-Patrozinium dieser weiter nicht belegten Kirche noch ein Marien-Patrozinium vorausgegangen.

Von den Innereien Bonifatius' ist weder in der Passio noch bei Hrabanus die Rede. Für eine Entnahme erst in Mainz sprechen könnte die Nachricht, dass der Körper bei der Weiterführung leichter als vorher gewesen sei[83]. Wenn sie, wie eher anzunehmen ist, schon in Utrecht entfernt wurden, so bleibt immer noch eine Reihe von Möglichkeiten: Verbleib in Utrecht - Mitüberführung in separatem Behältnis bis Fulda - Mitüberführung oder spätere Überführung

---

[80] *"sacerdotes statim et omnis clerus urbis illius accedentes, sancti martyris corpus adsumentes, in basilicam suam cum honore posuerunt"* (Eigil)

[81] *"cumque corpus viri Dei ex more lavatur, quasi nova facta vulnera eius sanguinem profuderunt. Sed et Lullus lotia in testaceum vas collocavit et sub terra fodit in loco, ubi nunc Sancti Bonifatii ecclesia constructa manet, a septentryone ecclesiae, que nominatur baptisterium Iohannis; in qua usque hodie, ut ferunt, vestimenta in quibus passus est in archa lignea iacent"* (Passio)

[82] *"In ecclesia Sanctae Mariae juxta sepulcrum sancti Bonifacii: Postquam martyrium explevit Bonifacius almus - Martyr et antistes, aethera celsa petens - De Fresia h u c vectus cum theca h a c rite locatus - Sanguinis h i c partem liquerat h i n c abiens - Desuper hunc tumulum Rabanus condere iussit - Ad laudem sancti exiguus famulus"* (HRABANI MAURI POEMATA DE DIVERSIS No. 84) Die vier gesperrten Worte gehören eindeutig zu einem Wortspiel des Dichters, das sich auf ein und denselben Ort bezieht (auf dem dann der Tumulus errichtet wurde). Wenn der Kirchenname S. Maria sich auf den alten Dom bezieht und es sich nicht um eine leicht nachvollziehbare Fehllesung der abgekürzten Bezeichnung für S. Martin handelt, müsste der alte Dom mindestens zweimal sein Patrozinium geändert haben.

[83] *"levatum est in feretro, leviori ut ferunt ad navim onere, quam antea de nave portarunt"* (Passio)

nur nach Mainz.

Erst im 14. Jahrhundert wird in Mainz die Tradition greifbar, dass in einem Hochgrab in der St. Johanniskirche die Innereien Bonifatius' begraben waren. 1356 ließ Erzbischof Gerlach von Nassau dies Hochgrab erneuern und darauf die (seit 1821 im Dom aufgestellte) hochgotische Grabplatte mit dem Bildnis von Bonifatius anbringen. Ganz offensichtlich handelte es sich bei dem erneuerten Hochgrab um den Tumulus des Hrabanus Maurus, gleichgültig wo er zunächst gestanden haben mag. Natürlich kann es sich 1356 um die irrtümliche Zuschreibung der Innereien zu einem sonst nicht erklärbaren Hochgrab gehandelt haben. Dem steht aber wohl entgegen, dass sich im 17. Jahrhundert in St. Johann tatsächlich ein Reliquien-Behältnis *"Extorum S. Bonifacii"* befand, das im 18. Jahrhundert seitens einer erzbischöflichen Kommission keine Anerkennung fand, weil es nicht mehr unversehrt war[84].

Die dritte Überführung von Mainz nach Fulda

Auf die zweite folgte alsbald die dritte Überführung. Sie wurde nach der Überlieferung erzwungen von weiteren Anspruchstellern, die sich auf den letzten Willen von Bonifatius[85] beriefen, der in Fulda sogar die Stelle gezeigt habe, an der er sein Grab wünschte[86]. Sofort nach Erhalt der Nachricht, dass der tote Bonifatius auf dem Rhein heraufkommen würde, sei Abt Sturmius von Fulda mit zahlreicher Begleitung herbeigeeilt[87]. Nach der Darstellung Eigils sahen sich die Fuldaer in Mainz mit der Tatsache konfrontiert, dass Klerus und

---

[84] Die Erneuerung des Hochgrabs erfolgte 1356 vielleicht im Nachgang zur 600-Jahr-Feier. Es wurde spätestens im 18. Jahrhundert entfernt und die Platte in der Wand angebracht. Die seit damals nicht mehr unversehrten Reliquien scheinen im 19. Jh. in die Aschaffenburger Schlosskapelle gelangt zu sein (A.Ph. BRÜCK: *Zur Bonifatiusverehrung in Mainz*, in: SANKT BONIFATIUS (Sammelband zum 1200. Todestag, Fulda 1954) S. 506ff) und PADBERG: *Die Reliquien* (wie Anm. 69) S. 75 FN 176)

[85] Zur von Willibald überlieferten Bitte an Lull und den Brief an Papst Zacharias KEHL: *Kult und Nachleben* (wie Anm. 5) S. 19f

[86] *"quod sanctus episcopus plerumque apud eos manens, et locum eis ubi corpus suum posuissent demonstrarit, et quod absque dubio ibique in solitudine voluisset corpore quiescere"* (Eigil)

[87] *"quo audito, Sturmi de Fulda conoebio in eremo constituto cum festinatione obviam venire curavit, et cum eis pariter perrexit, donec prospero et levi transitu ad Moguntiam urbem pervenerunt"* (Eigil)

Bevölkerung einmütig den toten Bischof für ihre Stadt beanspruchten und sich der vielleicht bereits durchgeplanten Überführung nach Fulda widersetzten. Nach Eigils Bericht habe Bischof Lull mit Rückhalt beim Mainzer Klerus und auch dem König dabei eine führende Rolle gespielt. Schließlich hätten sich aber Sturmius und seine Begleiter durchsetzen können. Entscheidend gewesen sei, dass der Heilige dem Diakon Otperaht im Traum erschien und seine sofortige Überführung nach Fulda anordnete. Als der Diakon seinen Traum eidlich bekräftigte, habe Lull eingelenkt. Die unter dem Einfluss von Lull geschriebene Vita des Willibald kennt diese Episode und überhaupt Widerstand in Mainz dagegen nicht. Einen mittleren Standpunkt beziehen die beiden späteren (Mainzer) Quellen: Nach der Passio waren zwar viele Mainzer, nicht aber Lull selbst für den Verbleib in Mainz, bis der Traum des Diakons entschieden habe. Nach der Vita Othlohs habe Lull dem Verbleib in Mainz zunächst sogar widerstrebt, hätte aber den Mainzern nachgegeben, wenn nicht der Traum des Diakons ausschlaggebend geworden wäre.

Nach dem Traum des Diakons habe Bischof Lull selbst die Vorbereitung zu einer feierlichen Überführung eingeleitet. Ganz allgemein hätten sich die Einwohner von Mainz angeschlossen[88]. Zahlreiche Schiffe seien bereitgestellt worden[89]. Mit höchsten Ehrenbezeigungen sei der Körper gehoben, zum Rhein auf ein Schiff gebracht und nach Hochheim übergesetzt worden[90]. Der gesamte geistliche Stand und eine große Menschenmenge vom linken Ufer des Rheins - teils am Ufer, teils auf zahlreichen Schiffen, die den Rhein förmlich bedeckten, - hätten an der Überführung teilgenommen[91]. Auf der rechten Rheinseite habe sich ebenfalls eine große Menschenmenge - darunter der gesamte Adel - eingefunden. Auf beiden Ufern seien Gesänge angestimmt

---

[88] *"Lullus archyepiscopus transitum viri Dei ulta Renum honorifice parabat"* (Passio) - *"omnes non solum ea, quae prius de sancti corporis translatione renuerunt, fieri censerunt, sed etiam adiutores esse coeperant in his, quae huiusmodi cura poscebat. Quidam namque ad afferendas naves, ut celeriter trans Renum proficisci possent, properabant; quidam vero letaniam, psalmodiam aliaque divinae laudis cantica, sanctum funus sequentes, dicebant"* (Othloni vita)

[89] *"Quidem namque ad afferendas naves, ut celeriter trans Renum proficisi possent, properabant"* (Othloni vita)

[90] *"beati martyris corpus cum summo honore levatum est, atque cum spiritali carmine ad flumen portatum et navi impositum, et usque ad Hohheim, villam quae in ripa Moyn consistit, navigio transvectum est"* (Eigil)

[91] *"conpuncti cordibus cum presbiteris ac diaconibus omnique gradu ecclesiastico ad eum, quem vivens praedistinaverat, locum perduxerunt"* (Willibald) - *"convenientibus omnibus presbiteris dyaconibus et omni clero nec non fidelibus laicis, qui ulta Renum habitant, in unum...et tanta multitudo hominum naviumque tunc aderat, ut Renum operiret; eorum quippe, qui ad translationem sancti viri convenerant. Et sic cum ymnis et psalmodiis utrasque implevere ripas"* (Passio)

worden[92]. Bei der Landung in Hochheim seien Lull und seine Begleitung von einer großen Menschenmenge unter Frömmigkeitsausbrüchen in die Mitte genommen worden[93].

Die Überführung auf dem Deckblatt von Serarius, Mogunt. Rerum, Mainz 1604

Das von Schreiber im LThK 1958 ("Bonifatius") besprochene Andachtsbildchen ("triumphale Prozession des Martyrers am Rheinstrom im Angesicht des merianhaften Stadtbildes von Mainz") von G.B. Göz und Klauber (zwischen 1737 und 1741 im Rahmen großer Serien herausgegeben) hat sich nicht auffinden lassen

Wenn die Passio mitteilt, dass Lull vor der Überführung *"den heiligen Leib gewaschen und in ein Tuch gewickelt"* habe[94], so schließt dies sicherlich ein, dass (unter Mitwirkung des Bischofs) der Körper ein weiteres Mal mit Flüssigkeiten aller Art behandelt und Konservierungstücher um ihn geschlagen wurden. Da schon auf dem Rhein ein Baumsarg benutzt wurde, dürfte dies auch bei der dritten Überführung der Fall gewesen sein, die schließlich als Landüberführung engen Kontakt mit dem Toten bedeutete und erst recht mitten in den Hochsommer fiel. Die Innereien waren vermutlich längst zurückgeblieben. Über eine etwaige Balsamierung, für die Bischof Lull das Material vom Königshof mitgebracht haben könnte, schweigen die Quellen. Einem (nach Padberg ohnehin nicht zeitgemäßen) Freikochen der Knochen entsprechen sie nicht.

---

[92] ***"et sic cum ymnis et psalmodiis utrasque implevere ripas, usque dum obviam haberent cum coniugibus et liberis omnem nobilitatem orientalium"*** (Passio)
[93] ***"egredientibus igitur de navi Lullo et comitibus eius, statim miscentibus se turbis, ingens luctus attollitur; alii pre gaudio atque fidei puritate, alii pro merore et dolore"*** (Passio)
[94] ***"postquam ergo Lullus archyepiscopus sanctum corpus lavit et in synodone involvit"*** (Passio)

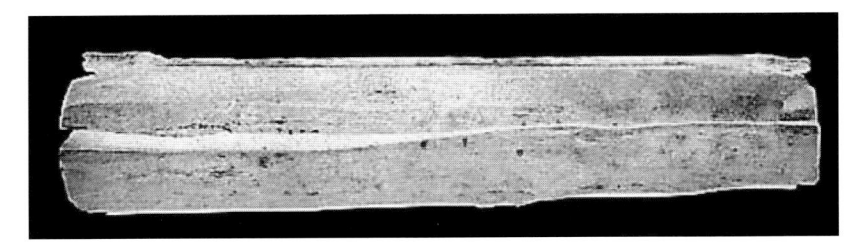

Baumsarg

Unter der Annahme, dass der tote Bonifatius ein Triduum (Drei Tage) lang vom 6.-8. Juli (Samstag bis Montag) in Mainz verweilt hat, ergibt sich als Anfangstag der Translation der 9. Juli. An diesem Tag wird sie seit 1914 tatsächlich in der Liturgie des Bistums Fulda gefeiert.[95] Durch diese schon fast ein Jahrhundert währende Tradition ist das Datum inzwischen rezipiert. Es gibt keinen Grund, davon abzuweichen. Dass in Mainz bereits am 22./23. Juli 754 Bonifatius' Beisetzung in Fulda ein feststehendes Faktum war, könnten (bei erheblichen Bedenken, die der Wortlaut der Urkunden aufwirft) auf diese Tage datierte Donationsurkunden belegen.[96]

---

[95] noch die FULDAER BREVIERHANDSCHRIFT AUS DER ZEIT UM 1500 (LANDESBIBLIOTHEK FULDA, Handschrift 4° A81) kennt ebensowenig ein Translationsfest wie das *Registrum secundum usum et ritum chori maioris ecclesiae Fuldensis* von 1615 (jetzt LANDESBIBLIOTHEK KASSEL 8° MsHass. 120). Auch nach Einführung des allgemeinen Breviers des Benediktinerordens in der Abtei Fulda weist die Fuldaer Spezialausgabe von 1670 kein Translationsfest auf.
Erst der für eine Eingabe in Rom bestimmte Entwurf eines Anhangs Fuldaer Eigenfeste für Brevier und Missale von 1723 sah für den 3. Dezember die Feier der *"Translatio S. Bonifatii Germanorum Apostoli"* als Fest "Duplex II. classis" vor (LANDESBIBLIOTHEK FULDA, Handschrift 4° Aa 156d) Die Brevierlektionen der Prachthandschrift preisen fünf Überführungen, die letzte bei der Weihe der neuen Klosterkirche 819.
Nach Aufhebung der Abtei wurde 1844 für die inzwischen eingeführten Römischen Brevier ein Diözesananhang erstellt. Nun legte man die Feier der *"Commemoratio translationis corporis S. Bonfatii"* mit dem mittleren Rang eines Festes "Duplex maius" auf den Oktavtag des Martyriums, den 12. Juni (der vielleicht für die erste Translatio nach Utrecht angenommen wurde).
1914 machte die Pianische Reform des Römischen Breviers eine Umgestaltung des Fuldaer Anhangs und überhaupt des Diözesankalenders erforderlich. Die Ritenkongregation hatte hierzu ausdrücklich größtmögliche Berücksichtigung der historischen Quellen aufgegeben. Mitglieder der für die Neufassung ernannten bischöflichen Kommission waren Gregor Richter und Dominikus Heller (Mitteilung des Diözesanarchivs Fulda). In der Neuausgabe des Fuldaer Brevieranhangs von 1914 ist - offensichtlich aufgrund historischer Reflektion und mit dem Akzent nunmehr auf der Hauptüberführung von Mainz nach Fulda - die Feier der *"Translatio corporis S. Bonifatii"* mit den Rang immer noch eines Festes "Duplex Majus" auf den 9. Juli festgesetzt. Bei diesem mit den vorhandenen Quellen einhergehenden Datum kann es sein Bewenden haben (nach G. RICHTER: *Das Proprium Sanctorum Ecclesiae Fuldensis,* Anhang zu *Reform der Abtei Fulda unter dem Fürstabt Johann Bernhard Schenk von Schweinsberg*

Der Überführungszug wurde angeführt von Bischof Lull. Geistlicher Hauptteilnehmer nach ihm war Abt Sturmius, der zeitweilig vielleicht vorauseilte. Beide sind Heilige. Teilnahmen neben Fuldaer Mönchen nach der Vita Willibaldi Priester, Diakone und sonstige Kleriker[97]. Unterwegs habe die Bevölkerung sich von Region zu Region in der Begleitung des Trauerzugs abgewechselt und große Anteilnahme gezeigt[98]. Litaneien, Psalmen und Lieder seien während des Zuges gesungen worden[99]. Wunder hätten ihn begleitet. So hätten während der gesamten 16 Meilen Weges die Fackeln um den Sarg stets hell geleuchtet und seien auch bei heftigem Unwetter nicht erloschen. Krankenheilungen seien erfolgt[100]. Unter Begleitung einer *"sehr großen Schar von Gläubigen"* sei die Überführung ein wahrer *"Triumphzug"* gewesen[101].

Große Rast sei *"am Beginn des Buchenwaldes"* gemacht worden. Die Frauen seien dort zurückgekehrt[102]. Auf dem weiteren Weg hätte es zum Brot nur noch Milchprodukte gegeben. Deswegen habe Sturmius die Weisung erteilt, für die Ankunft des Trauerzuges Fischkost zu bereiten. Als der Zug die Brücke erreichte *"und vom Sänger das Hauptgebet* (des Totenoffiziums?) *gesungen wurde"*, habe sich in diesem Zusammenhang das erste Wunder in Fulda ereignet. Alle Fische hätten ihre Köpfe aus dem Wasser gesteckt und nur

---

= QUELLEN UND ABHANDLUNGEN ZUR GESCHICHTE DER ABTEI UND DER DIÖZESE FULDA 6 (Fulda 1915) S. 129ff, hier mit Ergänzungen aus den dort zitierten Handschriften und Drucken)

[96] Es handelt sich um vier Donationsurkunden, ausgestellt in Mainz 22-23/VII/754, überliefert durch die Kartulare und den Codex Eberhardi ((STENGEL E. HSG.): URKUNDENBUCH DES KLOSTERS FULDA = VERÖFFENTLICHUNGEN DER HISTORISCHEN KOMMISSION FÜR HESSEN UND WALDECK 10 (Marburg 1958) Nr. 24-27)

[97] *"compuncti cordibus cum presbiteris et diaconibus omnique gradu ecclesiastico ..perduxerunt"* (Wilibaldi)

[98] *"Cumque turba una, longius procedens ultraque procedens non valens, rediret, alia nihilominus turba de regione vicina accessit, gaudens illius sancto obambulare corpori, quem credidit et speravit sibimet apud Dominum suffragari. Quae ibi laeticia et compunctio de tanti viri patrocinio plurimis fuerit exorta, hoc nequeunt nostra digne depromere scripta"*. (Othloni vita)

[99] *"quidem vero letaniam, psalmodiam aliaque divinae laudis cantica, sanctum funus sequentes dicebant"* (Othloni vita)

[100] *"nec ibi defuere miracula. Videas namque toto sedecim leucarum Germanicarum itinere portatas juxta tumbam faces clarissime semper reluentes nimbosae tempestatis neutiquam sensisse injurias, obviosque varii generis infirmos Sanitate donatos"* (Brevierentwurf von 1732)

[101] *"comitante fidelium maxima turba...cum magnis Dei laudibus transportatum"* (MARTYROLOGIUM FULDENSE ca. 800, in (W. Levison) Vitae S. Bonifatii (Quellen 1-3) bzw. *"cum triumpho perductum est"* (CODEX EBERHARDI, wie FN 130)

[102] *"Dum auten ventum est ad introitum silve Bochonye, mulieres revertentes ad propria, viri quoque comitabantur usque ad locum, quo ultimum decreverat corpus expectare iuditium"* (Passio)

eingesammelt werden müssen[103].

In der Klosterkirche von Fulda wurde Bonifatius in ein neues, in den Felsen gehauenes Grab gelegt[104]. Nach Eigil kehrte Lull gleich am folgenden Tag mit seinen Geistlichen und *"der übrigen Menge, die mit ihm gekommen war"*, wieder zurück.

Wenn man vom 9. Juli als Tag des Beginns der Überführung ausgeht, wäre die Ankunft in Fulda nach sieben Tagen auf den 15. Juli, den 40. Tag nach dem Martyrium gefallen, einem weiteren Gedenktag der Totenliturgie. Diesem Datum entspricht die in den Kartularen überlieferte Nachricht, dass die Beisetzung am 22. Juli in Mainz bekannt war.

Vierte und fünfte Überführung

Auf die dritte Überführung folgten noch zwei weitere. Die vierte geschah nach Eigil beim Sachseneinfall 778, als die Reste von Bonifatius auf dem Weg nach Hammelburg bis ins obere Tal der Sinn in Sicherheit gebracht wurden. Zum fünften und letzten Mal überführt wurde Bonifatius am 1. November 819 im Rahmen der Konsekration der riesigen Ratgarbasilika, die in mehreren Bauabschnitten an die Stelle der ersten Steinkirche des Klosters getreten war. Die feierliche Erhebung und Überführung der Gebeine in den monumentalen neuen Westchor war die eigentliche Heiligsprechung des Martyrerbischofs. Heute liegt sein Grab in der Krypta des nach Westen ausgerichteten Chors des zu Beginn des 18. Jahrhunderts erbauten neuen Domes (Abbildung). Bei der letzten Öffnung des Schreins fanden sich Reste einzelner Knochen eines *"hünenhaften, zwischen 185 und 190 großen außerordentlich muskelstarken Mannes"*.

---

[103] ***"cui ab abbate suo Sturmyone preceptum est, ad adventum hospitum tunc venientium, quia adhuc preter lac et butyrum et caseum non multe delitie (ibi) fuerant, ut, piscibus congregatis, susceptio provideretur...tempore adventus sancti corporis, dum se aptavit extendere lina, subito omnes, qui in lacu erant, supini in superfitie aquarum ostendebantur pisces; eodemque momento in inferiore parte fluminis audiebat collectam a cantante cantari, quo sanctum corpus super pontem portabatur"*** (Passio)

[104] ***"et novo in aecclesia confecto sarcofago, ex more sepelientes posuerunt"*** (Willibald) - ***"in novum sepulcrum posuerunt"*** (Eigil)

Rekonstruktion von Weg und Verlauf

1. Ausgangspunkt für die Rekonstruktion eines vor 1250 Jahren benutzten Weges und einer darauf verlaufenen Prozession ist die direkte schriftliche Überlieferung: Angaben der Chronisten, einer Grenzbeschreibung und der Zusammenfassung einer Schenkungsurkunde. Von Eigil und dem unbekannten Autor der Passio festgehalten sind Anfang und Ende des Überführungszuges in Hochheim und an der Brücke über die Fulda. Die Passio fügt hinzu, dass am *"Eingang des Buchenwaldes"* große Rast war. Eine Grenzbeschreibung möglicherweise noch aus der Zeit der Klostergründung hält außerdem fest, dass der *"alte Weg"* über den Vogelsberg südlich der Bimbachquelle von West nach Ost kam. Schließlich bezeugt der Codex Eberhardi des 12. Jahrhunderts beim Kalbacher Bonifatiusbrunnen einen Nachtrastplatz der Überführung.

Zu weiterer schriftlicher Überlieferung führt die Mitteilung der beiden Chronisten des 11. Jahrhunderts, dass damals *"an einigen Orten"* der Mittags- oder Nachtrast Kirchen errichtet worden waren. Nach der Passio waren zuvor *"an allen Orten"* der Rast Kreuze aufgestellt worden.[105] Der nächste Schritt gilt daher weiteren Rastplätzen, die in entsprechender Entfernung an in Frage kommenden Durchgangsstraßen liegen. Als hinreichend überlieferter Rastort gelten konnte bislang außer Kalbach nur Kriftel, wo im Mittelalter eine Bonifatiuskirche bezeugt ist und die Überlieferung, dass sie auf einem Rastplatz stand, bis ins 16. Jahrhundert zurückführt. Inzwischen kann weitere schriftliche Überlieferung zwei weiteren Stellen zugeordnet werden. Es sind der *"Bonifatiusacker"* am Ohlenberg über Heldenbergen/Windecken und die Stelle der heutigen *"Meyerbruchquelle"* vor dem Grebenhainer Berg, die jetzt den im 14. bzw. zu Anfang des 11. Jahrhunderts belegten beiden *"Bonifatiusbrunnen"* zugewiesen werden können Schließlich führt eine Einordnung des Chronik-Berichtes über die Hauptrast in der Mitte des Weges zum Glauberg als dem Ort dieser Hauptrast auf halbem Weg (und zur Stelle der wohl deswegen im Gegensatz zu sonstigen Bergkirchen an den Hang verlegten Glauberger Kirche als Raststelle).

2. Die sich zwischen den sieben bzw. acht so gewonnenen Fixpunkten zwingend ergebende Fluchtlinie des Weges belegen zahlreiche Reste im oder unter dem Gelände. Für den genauen Verlauf im Einzelnen ist ein strenger Beweis naturgemäß allenfalls bei den Römerstraßen möglich, auf der Straße des Glaubergs ist der Verlauf sehr oft schlicht offensichtlich. Dazwischen mag

---

[105] *"ut in omnibus locis in quibus contigit meridiare sive noctare, signa crucis imprimerent, ac Triumphatorem omnium in suo agonitheta triumphantes. Sed et in quibusdam eorum locis nunc ecclesie constructe cernuntur"* (Passio) - *"Unde etiam in quibusdam locis, ubi cum sancto corpore pernoctabant vel meridiabant, in eius honorem aecclesias postea construebant"* (Othloni vita)

die Zukunft weitere Korrekturen bringen. Im Übrigen hat die Trasse des jetzt rekonstruierbaren von der Prozession benutzten Wegzugs sich in erstaunlichem Umfang erhalten. Auf den Römerstraßen laufen oft neuzeitliche Hauptverkehrswege. Und auf der Straße über den Glauberg sind es heutige Wirtschaftswege oder deutlich erkennbare Reste im Gelände.

3. Auf dem nachgewiesenen Überführungsweg findet sich steinerne Überlieferung in Gestalt von Kreuzen und Ruinen von Kirchenbauten, die für weitere Rastplätze spricht. Ausgangs- und Hauptindiz ist ihre Lage am Überführungsweg in jeweils passendem Abstand zu vorherigen und nachfolgenden Rastplätzen. Es sind die auffallende Kreuzgruppe direkt an der *"Elisabethenstraße"* zwischen Eschborn und Sossenheim, die Ruinen von *"Schafskirche"* bei Lißberg und *"Stumper Kirche"* bei Burkhards sowie das Kreuz (*"Kreppelstein"*) oberhalb von Blankenau. Im Zusammenhang mit allen vier steinernen Resten finden sich weitere Indizien. Ritzzeichnungen in das mittlere Kreuz der Gruppe an der Elisabethenstraße werden unterschiedlich als HBqt (Hic Bonifatius quievit=hier ruhte Bonifatius) oder Messer/Schwert (Symbol des Bonifatius) gedeutet. In das Kreuz bei Blankenau eingeritzt ist ebenfalls ein Schwert. Die beiden einsam gelegenen Kirchenruinen standen vor dem Hochmittelalter in besonderer Beziehung zur Abtei Fulda und können von ihrer Lage und ihrer Rechtsstellung her nur aus besonderem Anlass errichtet worden sein. Nur eine auffallende Baumgruppe bezeichnet dagegen die Stelle, die sich als einziger noch fehlender Rastplatz der Kette auf der Mitte des römischen Straßenzuges zwischen den Bonfatiusbrunnen von Kalbach und Heldenbergen/Windecken erschließen lässt. Es ist der Schäferküppel bei Kloppenheim in der Nähe des Petterweiler Hochgerichts und eines Straßenknotenpunktes. Diese und überhaupt alle Rastplätze liegen in historisch bedeutsamer Umgebung (Hochgerichtsstätten, Römerlager, Befestigungsanlagen oder sonstige Stätten vorgeschichtlichen Anklangs, Straßenkreuzungen).

Für den Verlauf der Überführung ergibt sich: eine Prozession von sieben Tagen - eine Kette von zehn Rastplätzen in jeweils passenden Abständen zueinander - zwölf Etappen. Alle drei sind heilige Zahlen des katholischen Kultus. Für die Festlegung der Etappenstrecken lassen sich Regeln erkennen. Am ersten, letzten und mittleren Tag ist wegen vorhergehender Schiffahrt, erwarteter Hauptrast und bevorstehender Ankunft in Fulda jeweils nur von der Tagesendrast bzw. Ankunft und daher einer einzigen längeren Etappe auszugehen. Und auch der leichtere Abstieg vom Vogelsberg am Nachmittag des vorletzten Tages war in etwas längerer Etappe möglich. Benutzt wurden offensichtlich auf der gesamten Strecke zum Durchgangsverkehr bestimmte Hauptstraßen, keine Nebenwege. An den Rastplätzen dürfte der tote Bonifatius im Übrigen stets ein Stück hinter dem eigentlichen Rastort, wo gespeist und geruht wurde, zurückgeblieben sein.

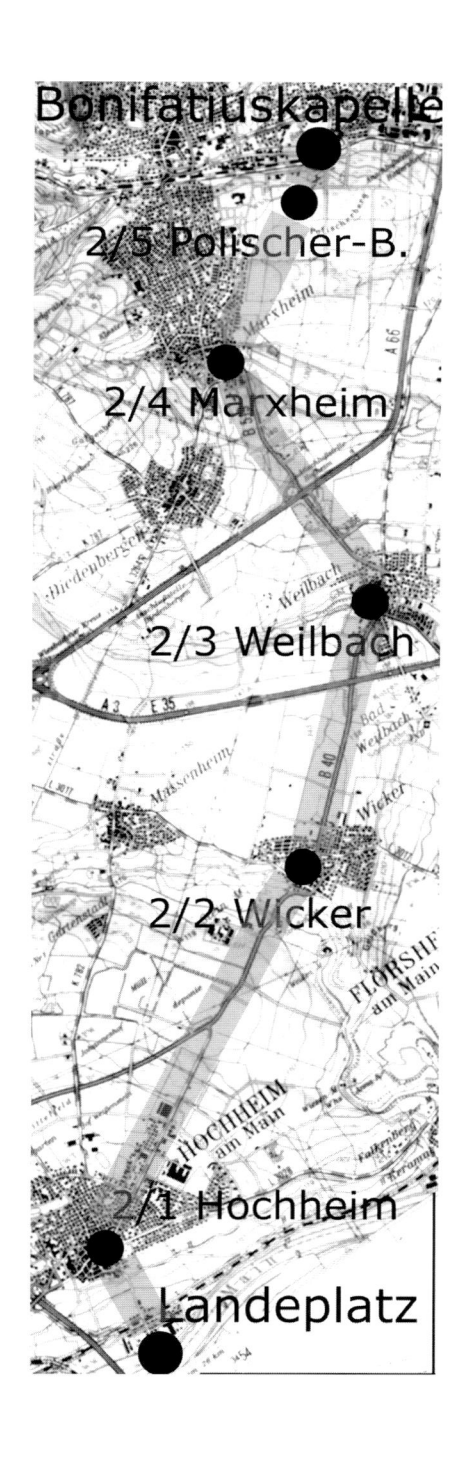

Bonifatiuskapelle

2/5 Polischer-B.

2/4 Marxheim

2/3 Weilbach

2/2 Wicker

2/1 Hochheim

Landeplatz

Rekonstruktion:
7 Tage, 12 Etappen, 10 Rastorte

1. Tag (9. Juli) Mainz-Kriftel

Ausgangspunkt und erste Station der Strecke (Mainz und Hochheim) sind schriftlich bezeugt. An der Krifteler Bonifatiuskapelle als Rastplatz zum Tagesende bestehen nachvollziehbare Zweifel nicht. Anfang und Ende der Tagesstrecke liegen somit fest. Für die Landstrecke dazwischen[106] ist von Hauptstraßen (der Hauptstraße Hochheim-Hofheim und dem spätestens nach Auflassung des Kastells Hofheim abkürzenden Verlauf der *"Elisabethenstraße"* über Kriftel) auszugehen.

I

1. Für den ersten Teil der Strecke von Hochheim bis in die Gegend von Marxheim gibt es eine mehr als drei Jahrhunderte zurückreichende Tradition, der die Literatur gefolgt ist[107]. Nach ihr nutzte die Überführungsprozession die mittelalterliche Straße von Hochheim über Wicker und Weilbach nach Hofheim, die offensichtlich auch dazu diente, den Landeplatz bei Hochheim mit der gradlinig von Kastel kommenden *"Elisabethenstraße"* zu verbinden. Es ist die einzige größere Straße, die von Hochheim zur Elisabethenstraße führt. Gamans nennt sie *"Königs- und Heerstraße"*[108]. Landau erwähnt sie[109]. Alle Karten des 19. Jahrhunderts zeigen sie. Die Wahl von Hochheim als Landeplatz der Überführung spricht dafür, dass die Straße bereits in karolingischer Zeit bestand. Sie kam wohl auf mit dem Einsturz der Mainzer Brücke, die Hochheim für Verkehr von Süden und Westen zum günstiger gelegenen Landeplatz machte.

---

[106] den alten Zustand zeigen noch die HAASSCHE KARTE 7 von 1801 (**Karten 4**) und die ersten MESSTISCHBLÄTTER RAUNHEIM/HOCHHEIM-RAUNHEIM (CA.1860-76) (**Karten 11-12**) - das PREUß. MESSTISCHBLATT HOCHHEIM 3408 von 1904 zeigt bereits den Zustand nach den Flurbereinigungen (**Karten 13**)

[107] An GAMANS (wie Anm. 108) schloss sich FALK: *Der Weg* (wie Anm. 3) an - ihm folgten: MÜLLER: *Der Weg* (wie Anm. 30) S.81ff; WOLFF: *Bonifatius' letzte Fahrt* (wie Anm. 20) S. 52ff; GÖRICH: *Ortesweg, Antsanvia* (wie Anm. 37) S. 68 und Karte

[108] **"*huc ducit via regia militaris: Moguntia, Cassel, Hocheim, Wickert, per Weilbach hic ad sinistram (Marxheim pago laevorsum relicto) Hofhemium et***

2. Zwischen der Gegend von Marxheim und dem Rastplatz vor Kriftel wurde eine Straße benutzt, deren Charakter und Verlauf nicht klar werden. Aus der Lage des Rastplatzes vor Kriftel ergibt sich in jedem Fall, dass nach der Schnittstelle (östlich von Marxheim) der Straße Hochheim-Hofheim mit der von Kastel herankommenden *"Elisabethenstraße"* letzterer Straße nicht in ihrem Verlauf über Kastel Hofheim gefolgt worden sein kann, sondern ein Straßenzug direkt zum Übergang über den Schwarzbach bei der Bonifatiuskapelle[110] benutzt wurde. Wo genau dieser Straßenzug verlief, ist nicht mehr eindeutig festzustellen:

Nach Wolff/Fabricius handelte es sich um die eigentliche, ältere Elisabethenstraße. Nach ihnen lief die von Mainz kommende (später Elisabethenstraße genannte) römische Straße in ihrem ursprünglichen Verlauf gradlinig auf den Schwarzbach bei Kriftel und (nach einem leichten Knick) nach Höchst. Die Abbiegung der Elisabethenstraße nach Norden auf das Kastel Hofheim und der von dort gradlinig weiterführende Straßenzug in Richtung Heddernheim entstanden nach ihnen erst später im Zuge der Einrichtung des Kastels Hofheim. Für diese gradlinige Fortführung der von Mainz über Diedenbergen kommenden römischen Straße auf den Schwarzbach bei der Bonifatiuskapelle sprach nach Wolff auch ein in den älteren Messtischblättern noch eingezeichneter passender Einschnitt am Polischer Berg vor Kriftel. Nachweise für eine römische Straße von Marxheim nach Höchst sind allerdings nicht bekannt.

Eine den verödeten Kastellplatz von Hofheim (und den dadurch gegebenen starken Knick der Elisabethenstraße) umgehende Abkürzung über Kriftel (weg von der Elisabethenstraße bei Marxheim hin zur Elisabethenstraße bei Zeilsheim) dürfte es jedenfalls spätestens im Frühmittelalter gegeben haben, und Wolff nimmt sie an. Dies ist wohl die *"Mainzer Straße"* im an die Gemarkung Marxheim anstoßenden Krifteler Feld eines Güterverzeichnisses von 1339[111].

Die älteren Messtischblätter lassen ohnehin nur noch eine derartige

---

paulo post Sacellum Sancti Bonifacii" (nachgelassene Papiere des Jesuiten und Hagiographen (Mitarbeiter der Acta Sanctorum) Johann GAMANS SJ (1606-1684), STADTBIBLIOTHEK MAINZ, Nachlass Severus, Capitula Ruralia III, zit. bei FALK: *Der Weg* (wie Anm. 3) S.659ff)

[109] *"an Hofheim hin, wo noch eine andere über Wickert und Weilbach führende mainzer Straße eintrifft"* (LANDAU: *Beiträge zur Geschichte der alten Heer- und Handelsstraßen* (wie Anm. 9) S. 35)

[110] zu den Karten in Anm. 106 auch die RAVENSTEIN KARTE VON 1833 (**Karten 10**) - eine KURMAINZER KARTE DES 18. JH. zeigt noch eine *"Geleitsstraße"* von Diedenbergen nach Kriftel mit der Bemerkung *"ist vergraben"*, HSTA WIESBADEN Plan 582 H - FABRICIUS: *Das römische Straßennetz* (wie Anm. 18) A3 (S. 237f) - WOLFF: *Bonifatius' letzte Fahrt* (wie Anm. 20) S. 55

[111] *"apud crucem, tendunt ad stratam Moguntinam"*, F. LAU, URKUNDENBUCH DER REICHSSTADT FRANKFURT II (Frankfurt 1905) Nr. 685

Wegeführung erkennen; ein Wegzug über den Platz von Kastel Hofheim und überhaupt eine römische Trasse findet sich in ihnen nicht mehr. Was sie zeigen, ist ein nicht gradliniger Weg (etwas nördlich von der nachgewiesenen römischen Straße vor der Abbiegung zum Kastell Hofheim und von ihrer nur vermuteten gradlinigen Fortsetzung). Er führt von Diedenbergen zu einem zweiten, etwas weiter nördlich vom ersten liegenden Einschnitt in den Polischer Berg. In den ältesten Großherzoglich-Hessischen Messtischblättern trägt diese Abkürzung zwischen den beiden langen Abschnitten der Elisabethenstraße (bis zum Kastell Hofheim bzw. weiter vom Kastell Hofheim) ebenfalls den Namen *"Elisabethenstraße"*[112].

II

Ein Prozessionsweg von Hochheim über Massenheim auf die *"Elisabethenstraße"* (vor deren relativ steilem Anstieg durch Diedenbergen) ist nicht anzunehmen. Hier wird aus den älteren Karten ersichtlich nie mehr als ein einfacher, im 19. Jahrhundert noch durchgehend vorhandener Nebenweg, der von einer feierlichen Großprozession sicher nicht eingeschlagen worden wäre.

Dasselbe Argument spricht gegen den von Müller in Verbindung mit der Prozession gebrachten[113], in die Karten des 19. Jahrhunderts noch eingezeichneten Nebenweg von der Straße Weilbach-Hattersheim direkt auf den Polischer Berg.

Auffallend oft folgen einzelne Wegstücke und Gemarkungsgrenzen der graden Linie von Hochheim zur Krifteler Kapelle. Am Anfang und Ende dieser Linie lassen sich auf den Karten des 19. Jahrhunderts noch aufeinander weisende Wege erkennen, und im Wickerbach findet sich an entsprechender Stelle eine Furt.

---

[112] auf dem ersten PREUßISCHEN MESSTISCHBLATT HOFHEIM von 1867/76 (**Karten 12**) weisen hingegen diesen Namen ein Pfad und die Straße über Kastel Hofheim auf (was auf historisierende Rekonstruktion deutet).

[113] MÜLLER: *Ein Bonifatiuskreuz* (wie Anm. 31) S. 88. Die HAASSCHE KARTE 7 von 1801 (**Karten 4**) führt ihn bald hinter Weilbach vom Weg nach Hofheim leicht geschwungen bis zur Kapelle - die ersten MESSTISCHBLÄTTER HOCHHEIM-RAUNHEIM (**Karten 11-12**) lassen den Weg erst ein Stück weiter in Richtung Hattersheim von der Chaussee und dann (mit einem Stück Hohlweg und anschließend einem leichten Bogen am Abhang des Polischer Berges) zur Kapelle gehen - das PREUßISCHE MESSTISCHBLATT HOCHHEIM von 1904 (**Karten 13**) zeigt diesen Weg nicht mehr.

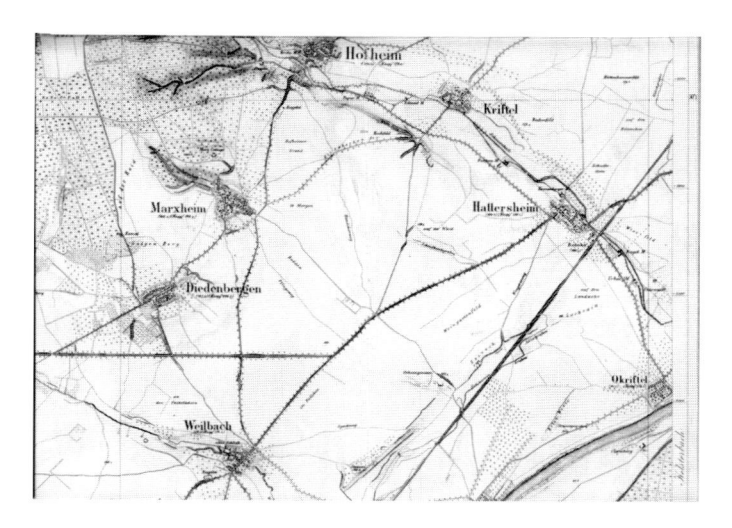

Aus der Karte des Großherz. Hess. Generalquartiermeisterstabs
"Raunheim-Hochheim" (ca. 1860 – Karten 11)

1. Etappe: Mainz-Hochheim

Als Ausgangspunkt der dritten Überführung ist der alte Dom in Mainz - die heutige Johanniskirche - überliefert. Auch die Überführung zu Schiff über den Rhein und den untersten Main ist - mit Hochheim als Etappenort - direkt schriftlich bezeugt.

2. Etappe: Hochheim-"Bonifatiuskapelle" vor Kriftel (ca. 13 km)

Auch der ungefähre Anfang der zweiten Etappe ist schriftlich bezeugt. Bischof Lull und die ihm Entgegengekommenen seien von Hochheim weitergezogen, während die übrigen wieder über den Rhein zurückfuhren.[114]

Anhaltspunkte für den weiteren Weg sind (bis jeweils zu den folgenden Kartenpunkten):

---

[114] *"usque ad Hohheim villam quae in ripa Moyn consistit, navigio transvectum est; inde vero (post paucos dies, id est tricesimo passionis eius die) ad coenobium Fuldam sanctum sacerdotis deportaverunt cadaver"* (EIGILIS VITA S. STURMI - **Quelle 4**) - *"Exin levantes loculum Lullus archiepiscopus et qui ei in obviam venerunt; cyteriores autem, transnatato amne Reni, redierunt in sua "* (PASSIO - **Quelle 2**)

Am Main liegt liegt unter Hochheim ein alter Landeplatz mit zwei Steinsäulen. (Abbildung) In der Nähe wurde jetzt ein Denkstein errichtet.

(2/1) Von dort führt relativ gradlinig ein Weg nach Hochheim hinauf (Abbildung)

(2/2-4) Der Königsstraße von Hochheim über Wicker nach Weilbach und von dort in Richtung Hofheim entsprechen dürften in etwa: Straße von Hochheim zur B40 - auf B40 mit Übergängen über den Wickerbach und den Weilbach bei Wicker und Weilbach - B519 in Richtung Hofheim bis vor Marxheim).

(2/5) Der weitere Wegzug von der Gegend bei Marxheim bis zum Polischer

Berg ist im Gelände nicht mehr zu erkennen. Von der angenommenen römischen Straße hat sich keine Spur gefunden. Und der in der zweiten Hälfte des 19. Jahrhunderts noch vorhandene Wegzug, der östlich von Marxheim von der Straße Weilbach-Hofheim in Richtung Kriftel führte, war schon gegen Ende des 19. Jahrhunderts nach den Flurbereinigungen verschwunden. Ebensowenig gibt es noch den tiefen Einschnitt, in dem er bis Ende des 19. Jahrhunderts über den Polischer Berg führte.

Vom Polischer Berg verläuft ein Wegzug herunter zur Stelle der abgerissenen Kapelle am Schwarzbach vor Kriftel.

I. Rast (Nachts): "Bonifatiuskapelle" vor Kriftel

Als erster Rastplatz der Überführung ist der Platz der abgerissenen Kapelle vor Kriftel durch seine Lage (in passender Entfernung von Hochheim an passender Durchgangsstraße), das bis ins hohe Mittelalter zurückzuverfolgende Bonifatiuspatrozinium einer hier gestandenen Kirche und jedenfalls schon ältere örtliche Tradition hinreichend belegt[115].

Grabungen ergaben in 1954, dass bei der damaligen Bonifatiuskapelle ein mittelalterlicher Friedhof (mit Bestattungen aus der Zeit um 1000) lag. Der Name des hier lokalisierten Weilers *"Hedekam"* lässt auf eine Gerichtsstätte schließen. Eine in dem Weiler 1277 erwähnte Kirche wird 1694 als nicht mehr stehende *"Sanct Bonyfacium Pfarrkirche"* erwähnt - in der Zeit davor hatte (in Vermengung mit dem Kapellenberg) der Jesuit und Hagiograph Johannes Gamans (1606-84) südlich Hochheim eine *"Votivkapelle des heiligen Bonfatius, an erhöhter Stelle stehend, jetzt zerfallen und nur noch als Mauern vorhanden"* gekannt und mit dem Überführungsweg in Verbindung gebracht. Die Bezeichnung *"Pfarrkirche"* in Verbindung mit dem Friedhof führt deutlich über das Jahr 1277 hinaus zurück.

Anlässlich der Tausendjahrfeier des Martyriums 1755 dachte man in Kriftel an die *"Wiederauferbauung der Kapelle Bonfatius'"* und erinnerte sich an Andachten, die in ihr noch vor 150 Jahren (also um 1600) stattgefunden hätten. Tatsächlich wurde 1755 die barocke Kapelle mit einer Bonifatiusfigur über der Tür errichtet und dorthin jährlich zum Fest des hl. Bonifatius eine Prozession abgehalten. Die Kapelle verfügte bald über einen kleinen Fonds und wurde im 19. Jahrhundert renoviert.

---

[115] Außer dem Zitat aus GAMANS (wie Anm. 108): **"et paulo post Sacellum Sancti Bonifacii votivum altiore loco, dirutum, solis muris existens visitur"** beruhen alle Angaben auf W. KREMENTZ: *"Bonifatius-Überlieferung in Kriftel"*, in: ZWISCHEN MAIN UND TAUNUS (Jahrbuch des Main-Taunus-Kreises) 2002 S. 111-121

1959 wurde diese Kapelle zugunsten der vorbeiführenden Schnellstraße abgebrochen und an ihrer Stelle ein Gedenkstein angebracht. Bereits 1958 war als Ersatz auf der Höhe die heutige Bonifatiuskapelle entstanden. In sie eingemauert ist die Gedenktafel der Erbauung ihrer Vorgängerin aus dem Jahre 1755 mit der Inschrift: *"Zu Ehren des Heiligen Erzbischoffen und Martirs Sancti Bonifaci ist diese Capel von denen Guthater in der Gemeinde Grüffttell neu auffgebauet worden im Jahr Christi 1755"*. An der Stelle der alten Kapelle findet sich ein Gedenkstein mit der Inschrift: *"754 ruhten auf dem Wege zum Grabe die Gebeine des hl. Bonifatius hier eine Nacht – 1755 wurde die Bonifatiuskapelle an dieser Stelle neu erbaut – 1959 fiel sie dem Verkehr zum Opfer. Die Erinnerung bewahre in Zukunft dieser Stein"*. Die Statue des Hl. Bonifatius aus der alten Kapelle steht heute in der Krifteler Pfarrkirche.

Um Kriftel häufen sich in auffallender Weise Schenkungen an Kloster Fulda im ersten Jahrhundert nach Bonifatius[116]. Der Rastplatz lag in der Nähe der Stelle des großen römischen Lagers von Hofheim. Auf ihn führten noch im 19. Jahrhundert zahlreiche Wege. Ein Wasserlauf findet sich in unmittelbarer Nähe.

---

[116] HERZFELD: *Zu Schenkungen an das Kloster Fulda* (wie Anm. 54)

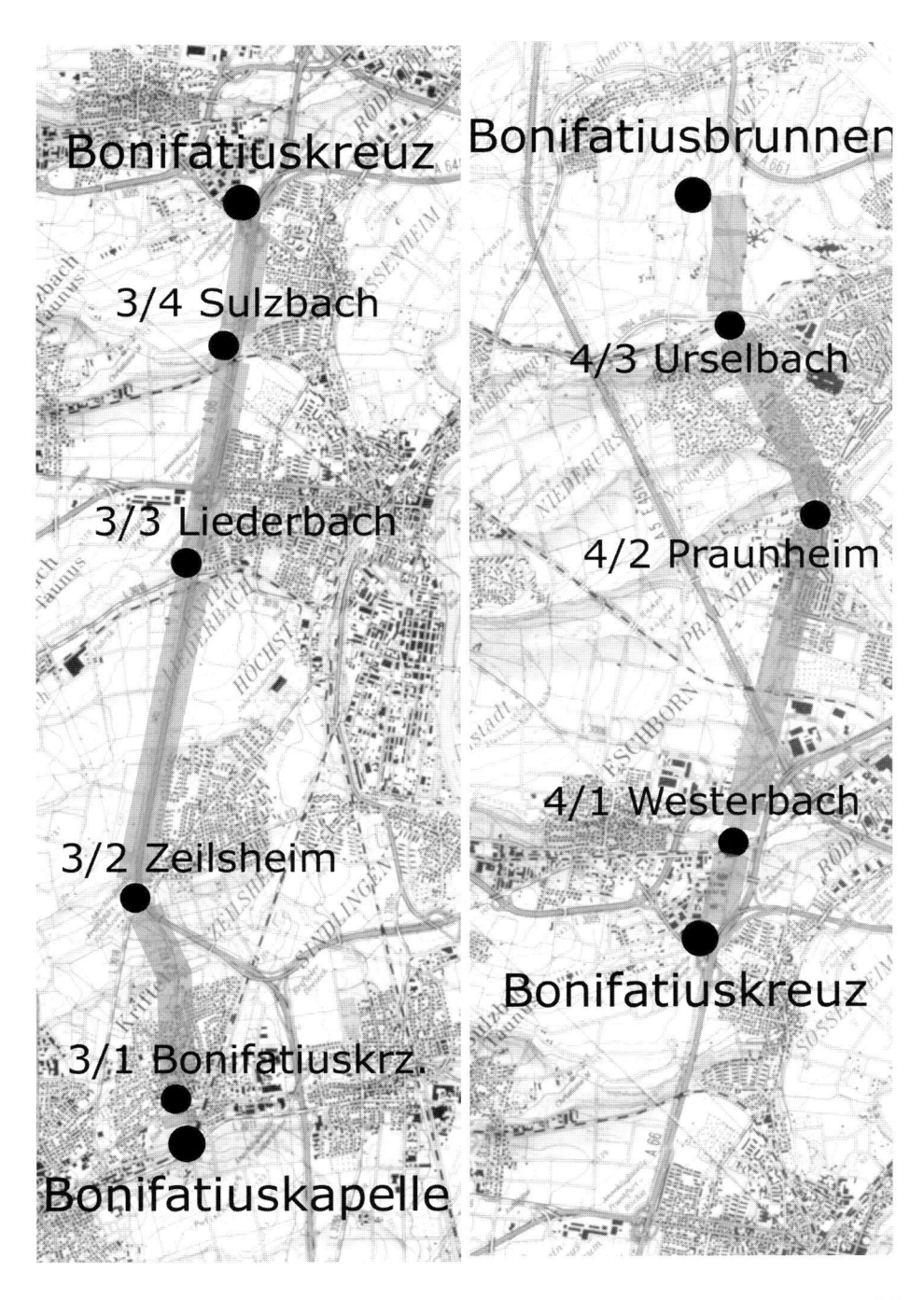

Bonifatiuskreuz

3/4 Sulzbach

3/3 Liederbach

3/2 Zeilsheim

3/1 Bonifatiuskrz.

Bonifatiuskapelle

Bonifatiusbrunnen

4/3 Urselbach

4/2 Praunheim

4/1 Westerbach

Bonifatiuskreuz

2. Tag (10. Juli) Kriftel-Kalbach

Ausgangs- und Endpunkt der Tagesstrecke liegen fest. Der Verlauf dazwischen ergibt sich hierdurch von selbst, da über fast die gesamte Entfernung zwischen beiden Punkten eine schnurgrade, an zahlreichen Stellen nachgewiesene römische Straßenverbindung, - die zum römischen Hauptort Nida bei Heddernheim führende und bis in die Neuzeit bestehende *"Elisabethenstraße"*, - verläuft.

1. Der erste Teil der Strecke ist nicht kontrovers. Für den Weg von der Bonifatiuskapelle zum langen Teilstück der *"Elisabethenstraße"* Hofheim-Heddernheim[117] kommt nur der Weg durch Kriftel in Richtung Zeilsheim in Betracht, der zur Abkürzung der Elisabethenstraße zwischen Marxheim und Zeilsheim gehörte und dem weitgehend die heutigen Straßenzüge entsprechen dürften. Nach Wolff wurden entlang dieses Weges die Trümmer zahlreicher römischer Gutshöfe gefunden. Erkennen lässt sich auf den älteren Messtischblättern im Übrigen noch eine durchgehende Verbindung, die von Kriftel in nördlicher Richtung durch einen Hohlweg direkt auf die Elisabethenstraße führte.

2. Auch der zweite Teil der Strecke ist nicht kontrovers. Von der Einmündung bei Zeilsheim bis vor Praunheim[118] folgt sie der schnurgraden Römerstraße (*"Elisabethenstraße"*), deren Trasse noch Ende des 19. Jahrhunderts durchgehend vorhanden war und auch heute weitgehend besteht.

---

[117] HAASSCHE KARTEN 6/7 von 1800 (**Karten 4**) - Ältere MESSTISCHBLÄTTER HOCHHEIM/RAUNHEIM (**Karten 11-13**)
[118] HAASSCHE KARTE 6 von 1800 (**Karten 4**) - Ältere MESSTISCHBLÄTTER RÖDELHEIM (**Karten 11-13**) - außerdem die ARCHÄOLOGISCHE FUNDKARTE ZU WOLFF: *Südliche Wetterau* (wie Anm. 16)

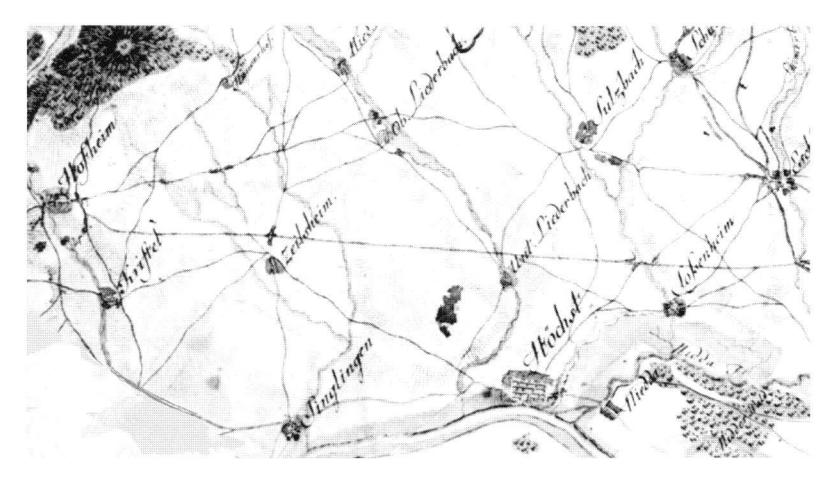

Dieser Ausschnitt aus einer österreichischen Militärkarte von 1797 (**Karten 5**) zeigt die gradlinige Elisabethenstraße und die Abkürzung von Marxheim über Kriftel

3. Der dritte Teil der Strecke von der *"Elisabethenstraße"* bis zum Rastplatz bei Kalbach[119] ist dagegen kontrovers. Zwar besteht in der Literatur[120] Übereinstimmung, dass zu Bonifatius Zeiten der Anfang der römischen *"Steinstraße"* von Heddernheim nach Okarben (der nach den Feststellungen Wolffs nach weniger als einem halben Kilometer von der römischen Straße Heddernheim-Saalburg abbog) nicht mehr benutzt wurde. Sicher war dieser Teil der Steinstraße in die Wetterau im allmählich völlig versumpften Gelände des Niddatales (nach Wolff waren es Bohlenwege) ein halbes Jahrtausend nach dem Abzug der Römer schon länger eingebrochen[121]. Es besteht daher auch Übereinstimmung, dass als Verbindung von der Elisabethenstraße bei Praunheim zur Steinstraße bei Bonames ein etwas höher im Gelände verlaufender Weg benutzt wurde. Wo er verlief, wurde indes unterschiedlich dargestellt.

---

[119] 1. Rechts des Urselbaches: Die RAVENSTEIN KARTE DER UMGEBUNG VON FRANKFURT von 1833 (**Karten 10**) zeigt - namenlos - einen durchgehenden Weg von Praunheim über die Furt der römischen Straße Nida-Saalburg nach Bonames.
Die KURFÜRSTL. HESS. HÖHENSCHICHTENKARTE BOCKENHEIM von 1856 (**Karten 8**) zeigt den Weg rechts des Urselbaches selbst nicht mehr, sondern nur noch in seiner Flucht den Namen *"Hessenstraße"*. Dieser Name findet sich nach K. GUTERMUTH: *Niederursel. Die siedlungs- und agrargeographische Struktur eines Frankfurter Stadtteils* (Maschschr. Hausarbeit Frankfurt 1969) bereits in den Ackerbüchern des Frankfurter Korn-Amtes des 18. Jh. und noch in einer Grundstücksaufnahme des Katharinenstifts von 1876. Auch die RAVENSTEIN KARTE von 1904 zeigt an der Verlängerung des *"Kreuzerwegs"* noch eine Flur "An der Hessenstraße" (abgedruckt bei A. HAUSMANN: *1200 Jahre Praunheim* (Frankfurt 2004) S. 39)

Am naheliegendsten ist eine Strecke, die von der sumpfigen Niederung nur bis auf das Hochufer der Nidda ausweicht. Ausgangspunkt für alle Überlegungen hierzu ist dabei der anzunehmende Übergang über den Urselbach. Als Ersatz für den von Wolff nachgewiesenen ursprünglichen Übergang der Steinstraße über den Urselbach, der weiter unten direkt ins Sumpfgebiet führte, bietet sich an erster Stelle an die höher liegende Furt der nachgewiesenen römischen Straße Heddernheim-Saalburg. Auf und von dieser Furt führten Wege, die eine durchgehende Verbindung Praunheim-Bonames bildeten und deren Namen (*"Creutzerweg"*, *"Hessenstraße"* westlich des Urselbaches - *"Maintzer Straße"*[122] östlich des Urselbaches) einer Durchgangsstraße entsprechen. Möglicherweise wurden auch östlich des Urselbaches römische Trassen benutzt, die aber nicht unbedingt zu Durchgangsstraßen gehört haben müssen.

Denkbar ist auch eine Strecke weiter auf der gradlinigen Trasse der Elisabethenstraße bis vor die Mauern des aufgelassenen Kastells Heddernheim und von dort über die Straße Heddernheim-Saalburg bis zu deren Furt durch den Urselbach.

Die HAASSCHE KARTE 9 von 1801 (**Karten 4**) und die frühen MESSTISCHBLÄTTER RÖDELHEIM/STEINBACH nach der Mitte des 19. Jh. (**Karten 11-12**) weisen kein durchgehendes Verbindungsstück von Praunheim zur Furt durch den Urselbach mehr auf.
Die älteren Messtischblätter zeigen nur noch ein namenloses Stück Weg, das der früher **"Creutzerweg"** genannten heutigen "Oberfeldstraße" entspricht. Der Name Kreutzerweg ist auch in Nieder-Ursel und Bonames anzutreffen und weist auf Wegeführung zur Kirche von Krutzen. Nach den Feststellungen von GUTERMUTH sind Kreutzerweg und Hessenstraße synonym für denselben Weg.
    2. Links des Urselbaches: Den Weg auf dem Hochufer unterhalb des Hangs (von der Furt durch den Urselbach in Richtung Bonames) zeigen sämtliche Karten. Ravenstein Karten und die älteren Messtischblätter zeigen ihn als regulären Vizinalweg Niederursel-Bonames.

[120] WOLFF: *Bonifatius' Letzte Fahrt* (wie Anm. 20) S. 59 und nach ihm Müller sprachen sich für einen höher führenden Weg durch Nieder-Ursel und die dortige **"Kreutzerhohl"** aus. Ihnen folgte bislang die Lokalliteratur.
Dagegen hat sich GÖRICH: *Taunusübergänge und Wetterau-Straßen* (wie Anm. 36) S. 15 Anm. 58 für einen tieferliegenden Weg über die Wiesenau ausgesprochen. Für ihn ist der von Niederursel zum Kreuzerfeld führende Weg **"wohl nur der entsprechende dörfliche Wirtschaftsweg"**.
Aufgrund eingehender Untersuchungen hat sich jetzt D. WENDLER: *Gedenken an Bonifatius und seine 'Heimführung' vor 1250 Jahren mit Bezug auf den Frankfurter Norden*, in: DER FRANKFURTER BÜRGER - Mitteilungsblatt der Frankfurter Bürger- und Bezirksvereine 1/04 April 2004 für den von der Ravensteinschen Karte aufgezeigten Weg als Überführungsweg ausgesprochen. Der Verf. dankt Dr. Wendler für die Überlassung ihres Materials.

[121] WOLFF: *Bonifatius' Letzte Fahrt* (wie Anm. 20) S. 59 folgen Müller und Görich

[122] WENDLER: *Die Urpfarrei Crutzen* (wie Anm. 129) S. 6 (Erwähnung in der Nähe des Rieds im Solmschen Ackerbuch von 1559)

Aus der Höhenschichtenkarte
vom Kurfürstentum Hessen "Bockenheim" von 1856
(Karten 8)

Weniger plausibel erscheint eine Streckenführung über Niederursel, die dortige *"Kreuzerhohl"* und das heutige Universitätsgelände zum Bonifatiusbrunnen[123]. Da diese Verbindung nur in Winkeln durch Niederursel führt, könnte sie jedenfalls erst nach der Entstehung des Ortes aufgekommen sein. Auch bedeutet diese Art der Straßenführung einen großen Bogen und einen Anstieg, um gleich wieder abzusteigen. Zwar mag diese Verbindung mehr als ein örtlicher Wirtschaftsweg (wie Görich vermutet) gewesen sein. Eine Nutzung für Durchgangsverkehr würde aber eher dem Hohen oder Späten Mittelalter entsprechen, als die Anlehnung an Orte und freies Gelände mit Ausblick nach allen Seiten bevorzugt wurden.

3. Etappe: "Bonifatiuskapelle" vor Kriftel- "Bonifatiuskreuz" Eschborn/Sossenheim (ca. 9 km)

Anhaltspunkte für den weiteren Weg sind (bis jeweils zu den folgenden Kartenpunkten):

---

[123] so auf der Karte HSTA WIESBADEN 767 von 1825 (Grenze Niederursel-Kalbach) und (eingezeichnet nur noch als Pfad) auf dem GROßHERZOGL. HESS. MESSTISCHBLATT RÖDELHEIM von ca. 1860 (**Karten 11**)

(3/1) Von der Stelle der abgerissenen Bonifatiuskapelle vor Kriftel führt weiter die heutige "Kapellenstraße" zur Furt durch den Schwarzbach. In der ungefähren Fortsetzung dieser Straße liegt der "Berliner-Platz" mit dem *"Bonifatiuskreuz"*.

(3/2) Weiter in der Flucht schließt sich an die durch den Ort führende "Frankfurter Straße". Auf sie folgt die K822, die über den *"Zeilsberg"* auf den von Hofheim kommenden zweiten langen Abschnitt der Elisabethenstraße führt. Bei Zeilsheim, wo in der Kurve der A66 die L3018 (*"Elisabethenstraße"*) kreuzt, ist die alte Straßenführung nicht mehr zu erkennen. Nach Haasscher Karte und älteren Messtischblättern war das letzte Stück der Verbindung von Kriftel zur Elisabethenstraße hier bereits um 1800 verschwunden.

(3/3) Der schnurgraden Trasse der *"Elisabethenstraße"* entspricht heute die A66. Durch den Liederbach führte eine Furt.

(3/4) Eine weitere Furt führte durch den Sulzbach.

Nach dieser Furt erreichte die Elisabethenstraße die Stelle bei Eschborn/Sossenheim, an der die Kreuzgruppe stand.

"Bonifatiuskreuz" in Kriftel (3/1)

Am Markplatz in Kriftel steht in einer Grünanlage das *"Bonfatiuskreuz"*, *"aus grob behauenem Basalt und ohne Inschrift oder Zeichen"*[124]. Das *"mehrfach gebrochene, von vier Eisenklammern zusammengehaltene"* Kreuz wurde 1976 restauriert und dabei um etwa einen halben Meter erhöht. Es wird als *"Kreuz unter der Linde"* (der alten Krifteler Gerichtslinde) erstmals 1555 erwähnt und heißt Ende des 19. Jahrhundert in einer Ortschronik immer noch lediglich *"Kreuz unter der Krifteler Linde"*. Erst 1924 nannte es der seinerzeitige Krifteler Ortspfarrer *"Bonifatiuskreuz"* (mit der Vermutung, es habe früher die Stelle der Übernachtung bezeichnet und sei erst später mitten in den Ort verlegt worden). Heute findet sich bei dem Kreuz eine Tafel mit der Inschrift: *"Dieses Kreuz wurde der Überlieferung nach zur Erinnerung an den Heiligen Bonifatius im Mittelalter errichtet"*.

---

[124] die folgenden Angaben beruhen auf KREMENTZ: *Bonifatius-Überlieferung in Kriftel* (wie Anm. 115)

Furt durch den Sulzbach (3/4)

An der Furt über den Sulzbach (bei der *"Helle Burg"*) – einer der drei Furten dieser Etappe - machte die *"Elisabethenstraße"* nach den Karten des 19. Jahrhunderts einen Bogen, der nach den Feststellungen von Wolff typisch für römische Straßenübergänge durch Wasserläufe ist[125]. Nach Wolff/Fabricius kreuzte hier eine römische Straße Höchst-Saalburg[126].

Weitere Furten der Elisabethenstraße führten durch den Liederbach und den Westerbach.

II. Rast (Mittags): "Bonifatiuskreuz" zwischen Eschborn und Sossenheim

Der folgende Mittagsrastplatz ist - im Gegensatz zum vorhergehenden und nachfolgenden Nachrastplatz - nicht direkt bezeugt. Massiv für ihn sprechen, dass eine auffallende Gruppe von drei Kreuzen[127] unmittelbar an der *"Elisabethenstraße"* genau auf der Mitte der Tagesstrecke zwischen den beiden Nachtrastplätzen stand. Dagegen haben Einwendungen der Straßenkreuzforschung kein wirklich stichhaltiges Argument vorbringen können.

In das mittlere Hochkreuz aus Bockenheimer Basalt sind Zeichen eingeritzt, die sehr unterschiedlich als Merowingische Schrift (Bingemer) mit den Buchstaben BBq oder HBq (= Beatus oder Hic Bonifatius quievit) oder auch als Messer (Symbol des Bonifatius!) gedeutet werden.

Die Bezeichnung *"Bonifatiuskreuz"* geht offensichtlich erst auf den Maler

---

[125] ARCHÄOLOGISCHE FUNDKARTE ZU WOLFF: *Südliche Wetterau* (wie Anm. 16)

[126] ARCHÄOLOGISCHE FUNDKARTE ZU WOLFF: *Südliche Wetterau* (wie Anm. 16) - FABRICIUS: *Das römische Straßennetz* (wie Anm. 18) D6 (S. 245)

[127] Nach MÜLLER: *Ein Bonifatiuskreuz an der Elisabethenstraße* (wie Anm. 31) S. 81ff jetzt G. RAISS: *Das Eschborner Bonifatiuskreuz*, in: ZWISCHEN MAIN UND TAUNUS (Jahrbuch des Main-Taunus-Kreises) 1995 S. 65-7

Hanny Franke (1890-1973) zurück, der das Hochkreuz bekannt machte und sein Retter sein dürfte. Aufgrund von Informationen Frankes' führte Müller das Kreuz in die Bonifatiusweg-Forschung ein. Frankes Nachlass mit Zeichnungen der Kreuzgruppe bewahrt das Museum der Stadt Eschborn.

Die Gruppe lag etwa 100 Meter nordöstlich der Straße Sossenheim-Eschborn in der Ecke eines Feldwegs mit der Elisabethenstraße, auf der Eschborner Seite der durch die Elisabethenstraße gebildeten Gemarkungsgrenze Eschborn-Sossenheim (im nicht weit entfernten Ort Eschborn hatte ein mittelalterliches Dekanat seinen Sitz). Die Gruppe ist schon 1339 (in auffallender Mehrzahl) als *"cruces versus Eschenburne"*[128] und 1513 als *"die Sossenheymer creutzgin"* bezeugt und auf der Haasschen Karte von 1801 eingezeichnet.

Die Kreuzgruppe bei Eschborn/Sossenheim
(Aquarell von H. Volk, von Erhard Weitzel dem Verfasser vermacht.
Vorlage war ein von Müller wiedergegebenes ‚Gemälde von K. Franke'. Eine weitgehend übereinstimmende Zeichnung befindet sich im Stadtarchiv Eschborn)

Beim Ausbau der Autostraße 1933 wurde die Stelle überlagert und die Kreuze entfernt. Heute ist der Platz in einer große Straßenkreuzung völlig aufgegangen.

Das von Bingemer im Historischen Museum im Leinwandhaus in Frankfurt sichergestellte Hochkreuz wurde nach Kriegsbeschädigungen restauriert und ist seit 1979 im Eschborner Museum ausgestellt.

---

[128] LAU: URKUNDENBUCH DER REICHSSTADT FRANKFURT II (wie Anm. 109) Nr. 689 ("Sosenheim")

4. Etappe: "Bonifatiuskreuz" Eschborn/Sossenheim-"Bonifatiusbrunnen" bei Kalbach (ca. 9 km)

Die bis in die Zeit nach dem Ersten Weltkrieg zwischen der Sossenheimer Kreuzgruppe und Praunheim noch als durchgehender Wegzug verlaufende *"Elisabethenstraße"* wird heute von Schnellstraßen in mehrere Teile zerschnitten. Ein halbes Jahrhundert Großstadtentwicklung haben sie zerstört.

Anhaltspunkte für den weiteren Weg sind (bis jeweils zu den folgenden Kartenpunkten):

(4/1) Auf der Trasse der *"Elisabethenstraße"* läuft heute eine gleichnamige Straße (früher Teil der "Heerstraße") bis zum Bahnhof Eschborn-Süd.

Nordwestlich des Bahnhofs führt bei noch deutlich erkennbaren Wegeresten in der Flucht der Elisabethenstraße eine aufwendig hergerichtete Furt (Abbildung) durch den Wester-Bach.

(4/2) Jenseits des Wester-Baches verlaufen bis vor Praunheim auf der Trasse der Elisabethenstraße Feldwege und der bebaute Straßenzug des Restes der modernen "Heerstraße". Doch wird diese Strecke durch die ausgebaute L3005 und die A3 an zwei Stellen vollständig unterbrochen.

(4/3) Für den weiteren Weg wird von folgendem Verlauf ausgegangen: durch Praunheim auf den heutigen "Praunheimer Weg" (einer Wegeführung über die heutige "Hainstraße" am Ort vorbei entsprechen die älteren Karten nicht) - heutige "Oberfeldstraße" (früher *"Creutzerweg"* bzw. *"Hessenstraße"*) - nicht mehr sichtbare Fortsetzung zur ebenfalls nicht mehr sichtbaren Römerstraße Heddernheim-Saalburg - Furt dieser Straße durch den Urselbach in der Nähe der Haltestelle Wiesenau.

Dem Vizinalweg von Niederursel nach Bonames (früherer *"Krautgartenweg"*) entspricht jetzt die "Marie-Curie-Straße")

III. Rast (Nachts): "Bonifatiusbrunnen" bei Kalbach

Direkt belegt ist wieder der folgende Nachtrastplatz[129] beim *"Bonifatiusbrunnen"* in der Gemarkung von Kalbach. Er liegt am Abhang, nicht weit von dem unten auf dem Hochufer der Nidda verlaufenden ehemaligen Vizinalweg. Nach dem Verschwinden einer Baumgruppe stand dort seit 1954 ein Holzkreuz. 1965 wurde eine Anlage geschaffen und 1972 in ihr das iroschottische Kreuz errichtet. Seit Kurzem liegt der leicht versetzte Brunnen mitten in stark verändertem, bebautem Gelände.

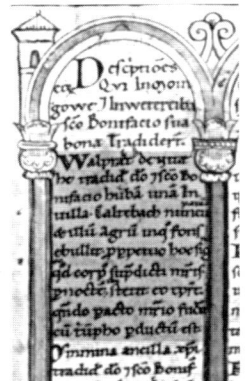

Der aus der Mitte des 12. Jahrhunderts stammende Fuldische Codex Eberhardi enthält die Paraphrase der Schenkungsurkunde eines Ackers im Kalbacher Feld aus dem 8. Jahrhundert. Dabei wird angegeben, dass auf diesem Acker der tote Bonifatius bei seiner Überführung über Nacht gestanden habe und dort eine Quelle entsprungen sei[130]. Formulierungen und Einzelangaben werden wohl erst auf Eberhard zurückgehen; dass es sich im Ganzen um eine fast zeitgenössische Mitteilung über die Bonifatiusüberführung handelt, kann aber keinen berechtigten Zweifeln unterliegen. Die Überlieferung war auch im 14. Jahrhundert lebendig[131]. Nach mündlich weiterlebender Tradition entsprang die Quelle am Morgen nach der Nachtrast, ein verschiedentlich besungenes Ereignis. Dem Quellwasser sprach man bis in die Gegenwart wunderbare Heilkräfte zu.

---

[129] Alle Angaben - soweit nicht andere Quellen zitiert werden - beruhen auf dem Aufsatz von D. WENDLER: *Die Urpfarrei Crutzen*, in: MITTEILUNGEN DES VEREINS FÜR GESCHICHTE UND HEIMATKUNDE OBERURSEL 22/1979 mit Literaturverzeichnis, der die vorhergehende Literatur ersetzt. Dr. Wendler dankt der Verf. für weitere Hinweise.
Hinzugekommen sind nur noch der umfassende Grabungsbericht von M. DOHRN-IHMIG: *Die früh- bis spätmittelalterliche Siedlung und Kirchenwüstung Krutzen*, in: MATERIALIEN ZUR VOR- UND FRÜHGESCHICHTE VON HESSEN 16 (Wiesbaden 1996 - Besprechungen von N. Wand in: Germania 76/1998 S. 972-5 und B. Päffgen, in: Bonner Jahrbücher 199/1999 S. 650-3) - zusammengefasst und teilweise neuinterpretiert bietet die Ergebnisse der Ausgrabung jetzt der AUSSTELLUNGSKATALOG "AD CRUCEM". Siedlung und Kirche an Bonifatius' letztem Weg (Archäologisches Museum Frankfurt 2004)

[130] *"tradidit...hubam unam in villa Caltebach nuncupata et illum agrum, in quo fons ebullit, pro perpetuo hoc signo, eo quod corpus supra dicti martiris per noctem ibi stetit eo tempore, quando peracto martirio Fuldam cum triumpho perductum est"* (STAATSARCHIV MARBURG, Codex Eberhardi)

[131] 1310: *"constructa in honore sti. Bonifacii...fundata in agro in quo fons ebullit qui vocatur sancti Bonifacien borne"* - 1334: *"in die Kirche zu Crutzen, da Sant Bonifatius inne rastet"*

In der Nähe der Kirche befand sich die zentrale Gerichtsstätte (später nur noch Hinrichtungsstätte) des großen *"Landgerichts zum Stulen"* (noch in der Haasschen Karte ist ein Galgen eingezeichnet). Der Rastplatz ist ein Indiz dafür, dass die Stätte schon zu Zeiten der Überführung bestand. Anderswo ist vorgeschichtliche Bedeutung solcher Gerichtsstätten nachweisbar. Weiter unten im *"Ried"* wurde noch Anfang des 20. Jahrhunderts ein "Hexentanzplatz" gezeigt. In der Nähe hat man eine große römische Villenanlage von 1,5 ha Umfang ergraben. Auch um diesen Platz häufen sich in auffallender Weise Schenkungen an Kloster Fulda im ersten nachbonifatianischen Jahrhundert[132].

1983-86 nach Luftaufnahmen in dem Gelände unterhalb des heutigen Brunnens von Margarethe Dohrn-Ihmig durchgeführte großflächige Grabungen ergaben: Die Stelle war 754 bereits besiedelt. Auch in der Folge standen dort bis ins 16. Jahrhundert Wohn- und Wirtschaftsgebäude. Eine kleine dreischiffige Holzkirche hat wohl schon in der ersten Hälfte des 9. Jahrhunderts gestanden (ob sich eine Münze der Zeit Ludwigs des Frommen mit völliger Sicherheit einem Grab - und damit zur Kirche gehörigem Friedhof - zuordnen lässt, wird zur Zeit diskutiert). Die nachfolgende aus Basalt- und Kalksteinmauerwerk mit Schieferdach bestehende Steinkirche von insgesamt 7,5 X 23,0 m war nach vollständiger Abtragung im Zuge der Reformation nur noch in den Fundamenten erhalten. Möglicherweise wurde sie in zwei Etappen erbaut und war zweigeteilt; im Westteil fanden sich zahlreiche bis ins 16. Jahrhundert vorgenommene Bestattungen. Sicher bestanden hat die Steinkirche Anfang des 11. Jahrhunderts (ein ungestörtes Grab mit einer Münze Heinrichs III ist mit Bauschutt der Steinkirche verfüllt worden). Auf der Südseite der Kirche ergraben wurde eine Brunnenkapelle mit 4m tiefem, zeitweilig 1m hoch Wasser führendem Brunnenschacht. Sie wurde über Grablegungen erbaut und spricht deutlich für den Charakter der Kirche als Wallfahrtskirche. Ein im Brunnenschacht gefundenes Schöpfgefäß wird von Wintergerst jetzt ins 9.-10. Jahrhundert datiert. Da nach den Feststellungen der Ausgräberin die Brunnenkapelle an die Steinkirche angebaut wurde, wäre auch die Erbauung der Steinkirche ins 9.-10. Jahrhundert zu datieren. Die Brunnenkapelle bestand im 13./14. Jahrhundert nicht mehr, auf ihrem Areal wurden Gräber angelegt. Seit dem 12. Jahrhundert war der mehrfach auf schließlich 3300 qm erweiterte Friedhof um die Kirche - mit einer vierstelligen Zahl von Gräbern - ummauert. Die Stelle der Kirche blieb in der neuen Bebauung frei, ihr Grundriss ist durch Großpflaster kenntlich gemacht.

Das Verhältnis des ergrabenen Brunnens zum heutigen, etwa 100m weiter hangaufwärts liegenden *"Bonifatiusbrunnen"* wird nicht klar. Dass es im Hochmittelalter an dieser Stelle zwei sakrale Brunnen gegeben haben könnte,

---

[132] HERZFELD: *Zu Schenkungen an das Kloster Fulda* (wie Anm. 54)

ist nicht nachvollziehbar. Auszugehen ist davon, dass die Kirche auf dem überlieferten Rastplatz neben der Quelle stand und der bei ihr ergrabene Brunnen daher der ursprüngliche Bonifatiusbrunnen ist. Jedenfalls scheint es auf diesem Abhang eine Brunnenfluktuation gegeben haben. Nach dem Befund wurde die Brunnenkapelle denn auch wieder aufgegeben, ein Brunnen hat sich in ihrem Brunnenschacht nicht gefunden. Nach der Mitteilung Wolffs floss die Quelle im 19. Jahrhundert sogar noch *"etwa 30 Meter"* weiter oben an einem 1913 noch stehenden einzelnen Baum. Dies entspricht allerdings nicht Kalbacher Flurkarten aus der Zeit um 1860.

Das Holzkreuz nach 1954 und das nachfolgende Iroschottische Kreuz 2002. Jetzt liegt es mitten in der Bebauung.

Der Name der 1256 erstmalig erwähnten Kirche *"Kreuzerkirche"* (*"ecclesia in Crutzen"*) spricht dafür, dass nach der Überführung zunächst ein Kreuz aufgerichtet wurde. Das Feld bei der Kirche hieß denn auch *"Kreuzerfeld"*. Die Kirche war Pfarrkirche (möglicherweise Urkirche) eines größeren Bezirks, ihr Patronat ging von der Abtei Fulda zu Lehen (und von den Lehensträgern zu Afterlehen). Bei der Beanspruchung des Lehens lässt sich im 13. Jahrhundert ein Gegensatz von hochadeligem Inhaber der Hochgerichtsbarkeit (den Eppsteinern) und Angehörigen des niederen Adels erkennen. In der Endzeit des alten Deutschen Reiches waren Lehensträger die Mainzer Kurfürsten als Rechtsnachfolger der Eppsteiner und Afterlehensträger die Greiffenclau zu Vollrads. Die in der Reformationszeit nach Weißkirchen verlegte Pfarre blieb dort auch nach Wiedereinführung des Katholizismus zu Anfang des 17. Jahrhundert. Die Kirche beim Bonifatiusbrunnen weist Brandspuren bereits des 16. Jahrhunderts auf und ging wohl im Dreißigjährigen Krieg endgültig unter. Der erste Bischof von Limburg Brand war noch als Pfarrer von Weißkirchen auf die Kirche zu Crutzen praesentiert worden.

Schäferköppel

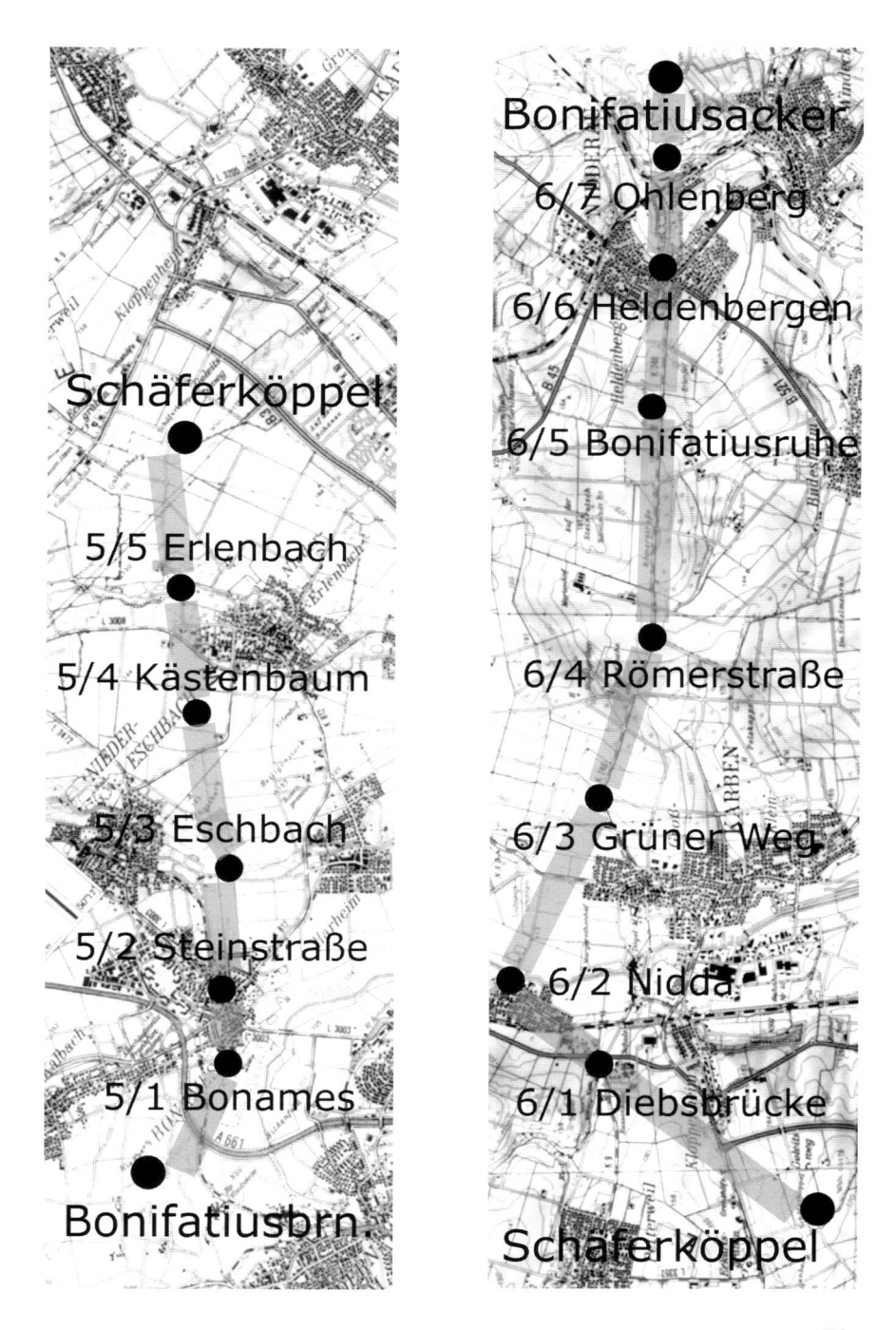

5/5 Erlenbach

5/4 Kästenbaum

5/3 Eschbach

5/2 Steinstraße

5/1 Bonames

Bonifatiusbrn.

Bonifatiusacker

6/7 Ohlenberg

6/6 Heldenbergen

6/5 Bonifatiusruhe

6/4 Römerstraße

6/3 Grüner Weg

6/2 Nidda

6/1 Diebsbrücke

Schäferköppel

3. Tag (11. Juli) Kalbach-Heldenbergen/Windecken

Anfangs- und Endpunkt der Tagesstrecke sind überliefert. Die Strecke dazwischen ist nicht mehr kontrovers. Zwischen beiden Punkten ist die einzige plausible Verbindung die direkt zwischen ihnen im flachen Winkel verlaufende, nachgewiesene große römische Querverbindung von Mainz durch die Wetterau nach Marköbel (*"Steinstraße"* Bonames-Okarben und *"Römerstraße"* Okarben-Marköbel, zuerst von Görich für den Überführungsweg angenommen).

I

Die beiden Römerstraßen sind die einzige durchgehende Verbindung zwischen den beiden Rastplätzen, die sich auf den Karten des ausgehenden 18. Jahrhunderts und der ersten Hälfte des 19. Jahrhunderts findet[133]. Gegen Ende des 19. Jahrhunderts wurde der größte Teil bei Flurbereinigungen verschliffen; der Straßenzug hat sich aber in Teilstrecken und besonders in Gestalt der K246 noch erhalten.

Ein Überführungsweg über Okarben bot sich auch aus prozessionstechnischen Gründen an. Der römische Straßenzug nähert sich sukzessiv erst im Norden der Südgrenze des Wetterau-Gaues und dann im Osten dem Gebiet um die Kinzigmündung und war daher hervorragend geeignet, dem Trauerzug (aus mehreren Urzenten?) Zustrom zu sichern.

Für den Anfangsteil der Strecke vom *"Bonifatiusbrunnen"* zur römischen *"Steinstraße"* bei Bonames[134] ging Wolff (der noch einen Verlauf von der Höhe herab annahm) von einem Weg über die obere Schlinkenmühle bei Bonames aus. Eine Fortsetzung der unten am Hang verlaufenden relativ gradlinigen Straße ist aber nur über die heute verschwundene untere Klein- oder Rosenmühle unmittelbar vor Bonames plausibel. In den Grenzkarten aus der Zeit um 1800 ist als damaliger Wegverlauf hier angegeben *"Schildweg - Brücke über den Kalbach vor der Kleinen Mühle - Creutzer Straße von Bonames"*.

---

[133] DARMSTÄDTER GELEITSKARTE von 1790/92 (**Karte 1**) - GROßHERZOGL. HESS. GENERALSTABSKARTE FRIEDBERG von 1840 (**Karten 6**) - KURFÜRSTL. HESS. HÖHENSCHICHTENKARTE NAUHEIM von 1856 (**Karten 8**) - Auch die HESSEN-DARMST. FLURKARTEN zeigen diesen Straßenzug noch durchgehend (**Karten 7**) – zur Strecke durch die früher Reichsstädtisch-Frankfurtische Gemarkung Nieder-Erlenbach jetzt das Stichwort **"Steinstraße"** in: H. JAMIN H./A. SCHOTTDORF: *Die Flurnamen der Gemarkung Nieder-Erlenbach* = SCHRIFTENREIHE DES GESCHICHTSVEREINS NIEDER-ERLENBACH 3/2003

[134] HAASSCHE KARTE 9 von 1801 (**Karten 4**) - ältere MESSTISCHBLÄTTER (**Karten 11-12**) - Karten "Grenze Kalbach-Bonames" HSTA WIESBADEN 2219 H (=1135 H) von 1791 und

Möglicherweise wurde bereits an der Ceutzerstraße die Trasse der römischen Steinstraße erreicht, die nach der Wolffschen Karte hier geschnitten hätte. In der Flucht von dieser Schnittstelle zur Fortsetzung der Steinstraße nordöstlich von Bonames (in der Linie zwischen "Am Burghof" und "Galgenstraße") hat sich römischer Straßenkörper gefunden. Später war hier Ortsbefestigung, so dass der Ort wohl in einem leichten Bogen über die heutige "Bonameser-Hain-Straße" umgangen wurde.

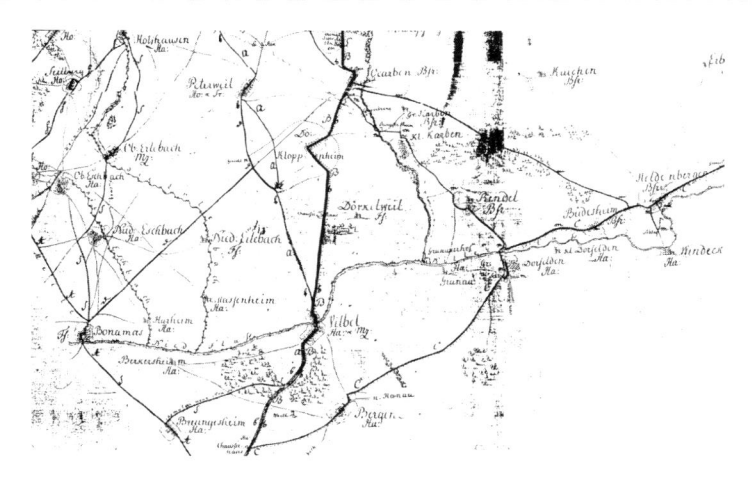

Die Darmstädter Geleitskarte von 1792 (Karte 1) zeigt noch die römische Querverbindung durch die Wetterau

II

Nicht haltbar ist die von Wolff 1913 ohne jeden Beleg vorgeschlagene Streckenführung *"auf dem Hochufer von Bonames über Harheim und Massenheim nach Vilbel"* und weiter auf der von ihm angenommenen römischen Straße durchs Niddertal nach Heldenbergen und Altenstadt. Sein nirgendwo überlieferter, in keiner Karte verzeichneter und auch im Gelände nicht ersichtlicher Weg von Harheim nach Vilbel ist noch in der Wolffschen Kartenskizze von 1910 zum Beitrag "Prähistorische Wege" nicht enthalten. Mit Sicherheit wäre die Prozession nicht auf einen nicht einmal durchgehenden Nebenweg eingeschwenkt.

Die Benutzung der *"Hohen- oder Reffenstraße"* über Bergen schließen die

---

2220 H von 1819 - den Verlauf durch Bonames zeigt am besten der "Plan von Bonames" von E. Pelissier, in: L. SCHLICH: *Bonames* (Frankfurt 1974) S. 72. Dort findet sich weiteres Material.

beiden Rastplätze von ihrer Lage her aus.

Auch für die von Wolff in seine "Archäologische Karte" eingezeichnete gradlinige römische Hauptverbindung von Kloppenheim über Groß-Karben direkt auf die Höhe haben sich in Karten, Urkunden oder Gelände keine Belege gefunden. Die Flurkarten verzeichnen lediglich eine zwischen Groß- und Kleinkarben in einem weiten Bogen hindurchführende breite Trift.

Der von Bingemer vorgeschlagene Umweg über Petterweil hat keine Zustimmung gefunden.[135]

5. Etappe: "Bonifatiusbrunnen" bei Kalbach-Schäferköppel (ca. 9 km)

Anhaltspunkte für den weiteren Weg sind (bis jeweils zu den folgenden Kartenpunkten):

(5/1) Auf der Strecke zwischen *"Bonifatiusbrunnen"* und Bonames ist der frühere Vizinalweg durch U-Bahn und A661 gestört. Nach den Karten des 19. Jahrhunderts nicht gradlinig verlaufen, nutzte er vielleicht teilweise Trassen römischer Verbindungswege. Ein Stück lang entspricht ihm wohl die U-Bahnstrecke und dann ab Höhenpunkt 109,6 ein Wirtschaftsweg, von dem die moderne Straße "Am Burghof" abknickt und über den Kalbach nach Bonames führt.

(5/2) In der (unterbrochenen) Flucht von der Straße "Am Burghof" zur Ihr "Galgenstraße" führt die "Bonameser-Hainstraße" am alten Bonames vorbei. entspricht ein bereits in ältere Karten eingezeichneter Wegzug[136].

(5/3) In der Flucht der römischen *"Steinstraße"* nach Okarben liegt die "Galgenstraße", die in ihrer Fortsetzung auf der Gemarkungsgrenze von Harheim mit Nieder-Eschbach noch heute die *"Steinerne Straße"* heißt. Hier war Mitte des 19. Jahrhunderts angeblich noch Pflaster zu sehen.[137]
Der Übergang der römischen Steinstraße über den Eschbach kann sich wegen der Geländeverhältnisse am *"Pfingst- oder Honigberg"* nicht gradlinig vollzogen haben, wie Wolff auf seiner Archäologischen Karte kurzerhand

---

[135] Hinweis bei GÖRICH: *Ortesweg, Antsanvia* (wie Anm. 37) S. 88 FN 41 - das Bonifatius-Nebenpatrozinium in der Kirche des altfuldischen Ortes Petterweil ist jedenfalls kein Beleg.
[136] so schon das älteste GROẞHERZOGL. HESS. MESSTISCHBLATT RÖDELHEIM von 1860 (**Karten 11**)
[137] **"zeigt sie sich wieder bei Bonames längs den Wiesen als eine gepflasterte Straße"** (DIEFFENBACH: *Urgeschichte der Wetterau* (wie Anm. 8) S. 254)

eingetragen hat. Die Straße wird sich daher nach rechts zu einer gut erhaltenen Furt (Abbildung unten) durch den Eschbach gewendet haben, um von dort wieder nach links abzubiegen und über einen kleinen Höhenrücken mit mäßiger Steigung wieder die gradlinige Fortsetzung der Steinstraße zu erreichen. Der hier fließende *"Honigborn"* heißt in der Kalbacher Ortsüberlieferung *"Bonifatiusbrünnchen"*[138].

(5/4) Der Steinstraße entspricht auf der Höhe ein gradliniger Wirtschaftsweg, der zur L3472 führt. Jenseits der L3472 ist die Trasse der Steinstraße schon seit der ersten Flurbereinigung von 1882/1890 verschwunden, doch wurde sie 1984 durch archäologische Befliegung festgestellt.

In ihrer graden Linie liegt mitten im Feld (an einer vermuteten römischen Wegkreuzung) der auffallende *"Kästenbaum"*. Wirtschaftsweg, Kästenbaum und der Raum links neben dem Wartbäumchen auf dem Schäferköppel liegen in grader Linie (Abbildung).

(5/5) In der graden Linie weiter zum Erlenbach wurde in der Nähe von Nieder-Erlenbach aufwendiger römischer Straßenkörper aus drei Lagen ergraben[139]. Erst in Gestalt der heutigen "Steinstraße" kurz vor dem Erlenbach (wo ein Feldstück nach Dieffenbach *"Die Säule"* - römischer Meilenstein? - hieß[140]) liegt in der graden Linie der Steinstraße wieder ein

---

[138] D. WENDLER: *Überführung des Leichnams des Hl. Bonifatius an Harheim vorbei*, in: 1200 JAHRE HARHEIM (Frankfurt 1986) S. 30
[139] J.K. RÖMER-BÜCHNER: *Beiträge zur Geschichte der Stadt Frankfurt* (Frankfurt 1853) S. 89
[140] DIEFFENBACH: *Urgeschichte der Wetterau* (wie Anm. 8) S. 254

Weg. Er führt zu einer heute überbrückten Furt durch den Erlenbach.

Weiter in der graden Linie[141] ist am Abhang zum Schäferküppel über dem Sportplatz eine ausgeprägte Rinne zu erkennen. In der graden Linie vor dem Schäferküppel liegen noch zwei Stücke Feldweg (Abbildung).

IV. Rast (Mittags): Schäferköppel bei Kloppenheim

Der folgende Mittagsrastplatz lässt sich erschließen aus der Lage einer von jeher auffälligen Baumgruppe (*"Geleitbäumchen"*[142]), die auf einer Höhe mit umfassendem Rundblick unmittelbar an der römischen Steinstraße in der Mitte zwischen Kalbacher Bonifatiusbrunnen und Heldenberger Bonifatiusruhe steht. Der Name *"Schäferköppel"* (auch "-kopf" oder "-gipfel") findet sich schon im 18. Jahrhundert[143]. Die Stelle gehört zur Gemarkung von Nieder-Erlenbach, dessen Überlieferung im Frankfurter Stadtarchiv fast völlig dem Krieg zum Opfer gefallen ist.

---

[141] das MESSTISCHBLATT RODHEIM von 1904 (**Karten 13**) weist noch fast den gesamten Verlauf bis zur Höhe aus

[142] E. WOLF: *Verkehr durch die Zeiten*, in: 25 JAHRE STADT KARBEN = KARBENER HEFT 15/1995 S. 75

[143] Grenzakten, STA DARMSTADT F12 Kommende Kloppenheim 12/3, 10/6 - weitere Belege bei B. VIELSMEIER: *Flurnamen der südlichen Wetterau* = QUELLEN UND FORSCHUNGEN ZUR HESS. GESCH. 101 (Darmstadt und Marburg 1995) S. 422)

Inzwischen historische Aufnahme 1993 von Erika Wolf
(zuerst publiziert in "Verkehr durch die Zeiten")

Ein Beleg für ein an dieser Stelle gestandenes Kreuz könnte sein, dass im 18. Jahrhundert die *"Mainzer Straße"* in der Gegend des Schäferköppels auch *"Alter Kreuz Weg"* hieß[144]. Bei einer großen Durchgangsstraße ist dieser sonst oft vorkommende Name jedenfalls ganz ungewöhnlich.

In der Nähe lag das Petterweiler Hochgericht und sein Galgen. Vielleicht war hier zunächst der Gerichtsplatz für das Gebiet zwischen Nidda und Erlenbachtal. Die Heerstraße von Süd nach Nord kreuzte an dieser Stelle, und eine Straßenverbindung von Vilbel langte hier an. Als Treffpunkt für Einbeziehung der Einwohner des nördlich gelegenen Wetterauer Gaus in das Prozessionsgeschehen bot sich diese Höhe an. Auch um diesen Platz häufen sich in auffallender Weise Schenkungen an Kloster Fulda im ersten Jahrhundert nach Bonifatius[145].

6. Etappe: Schäferköppel-Heldenbergen/Windecken (ca. 11/14 km)

Anhaltspunkte für den weiteren Weg sind (bis jeweils zu den folgenden Kartenpunkten):

---

[144] **"biß zum alten Creutz Weeg oder Mayntzer Straße"**, Stellungnahme des Petterweiler Schultheißen zum Verlauf der Straße von Vilbel nach Petterweil, führt in die erste Hälfte des 18. Jh. zurück (STA DARMSTADT F12 Kommende Kloppenheim 10/6)

[145] HERZFELD: *Zu Schenkungen an das Kloster Fulda* (wie Anm. 54)

(6/1) Zwischen Schäferköppel und Okarben ist die Anfang des 19. Jahrhunderts noch fast durchgehend vorhandene Trasse der *"Steinernen Straße"* durch die Flurbereinigungen fast völlig verschwunden. Der Übergang über den von Petterweil kommenden kleinen Wasserlauf hieß in den Flurkarten von Okarben *"Diebsbrücke"*.

(6/2) Erst die Okarbener Hauptstraße liegt wieder in der Linie der Steinstraße. Nach den Okarbener Flurkarten führte in der Ortsmitte der *"Lachenweg"* (mit westlicher Verlängerung im *"Hellweg"*) durch die Nidda.

(6/3) Östlich der Nidda liegt bis zur Gemarkungsgrenze in der graden Linie des Teilstücks der römischen Straße Okarben-Marköbel bis zum ersten stumpfen Knie vor dem Wald ein Nachbarschaftsweg. Anschließend war in dieser Linie Mitte des 19. Jahrhunderts noch ein gradliniger *"Grüner Weg"* (bzw. *"–straße"*) vorhanden, der schon Anfang des 20. Jahrhunderts bis zur Kurve der K246 oberhalb von Groß-Karben verschwunden war.[146]

(6/4) Ein gradliniges Stück der K246 durch den Wald schließt sich an.

(6/5) Nach einem zweiten stumpfen Knie führt die Kreisstraße gradlinig weiter als *"Alte Römerstraße"* auf festgestellter römischer Trasse. An dieser Straße liegt kurz vor Heldenbergen die *"Bonifatiusruhe"*.

(6/6) Zwischen den beiden Bonifatiusäckern ist auf der grade von der K246 weitergezogenen Linie südlich des Heldenberger Schlosses noch eine tiefe Rinne zu erkennen (Abbildung).

(6/7) Nordöstlich des Bahnhofs Nidderau findet sich auf der graden Linie am *"Ohlenberg "* noch fast einen halben km lang eine außerordentlich tiefe Rinne. Anschließend ist die Straße Okarben-Marköbel völlig im Feld verschliffen.

---

[146] MESSTISCHBLATT RODHEIM von 1904 (**Karten 13**)

V. Rast (Nachts): "Bonifatiusacker" bei Heldenbergen/Windecken

Der Platz der folgenden Nachtrast ist wiederum bezeugt. Allerdings gibt es jeweils unmittelbar an der gradlinigen Römerstraße von Okarben nach Marköbel (an der *"Bonifatiusruhe"* vor Heldenbergen und in 3,5 km Entfernung am Schnittpunkt der Grenzen der Gemarkungen Windecken, Heldenbergen und Ostheim am *"Ohlenberg"*) gleich zwei Bonifatiusäcker. Der eigentliche Rastplatz ist eindeutig der *"Bonfatiusacker"* am Ohlenberg. Das Verhältnis, in dem der Heldenberger *"Bonfatiusacker"* zu diesem Platz steht, lässt sich nicht mehr klären. Plausibel ist eine Zwischenrast in der Nähe des Platzes des Kaicher Freistuhls, die sich auch aus der größeren Länge der Etappe ergeben haben könnte. Vielleicht ist auch in Nachreformationszeiten für den auf reformiertem Gebiet gelegenen, nicht mehr zugänglichen Windecker Platz ein Ersatz in der Gemarkung des katholisch gebliebenen Heldenbergen entstanden. Schließlich käme noch eine nachträgliche Umdisposition im Laufe des Abends des 11. Juli 754 in Betracht. Jedenfalls hat das Kreuz am unstreitigen Bonifatiusweg längst Tradition.

1. Auf dem *"Bonifatiusacker"* vor Heldenbergen an der K246 beim "Bonifatiushof" steht heute zwischen zwei Bäumen ein Iroschottenkreuz, das die Inschrift *"Bonifatiusruhe"* trägt und 1909 errichtet wurde. Im Einleitungskapitel der in 1862 angelegten *"Ortschronik der Pfarrei Heldenbergen"* findet sich zu dieser Stelle der Eintrag, dass am Weg nach Großkarben ein von jeher zehntfreier *"Bonfatiusacker"* liege, auf dem nach der Überlieferung der Heilige geruht habe[147]. Unter dem Jahre 1905 - als das 1150. Jubiläum der Überführung gefeiert wurde! - ist eingetragen, dass dieser Acker im Zuge der gerade laufenden Feldbereinigung von der Pfarrei eingetauscht und die Errichtung eines Kreuzes geplant wurde. Das mit Mitteln des Bonifatiusvereins beschaffte Kreuz wurde am 22. August 1909 feierlich eingeweiht[148].

---

[147] *"wenn man nach Großkarben geht, geht man an einem Acker vorüber, der der Bonfaciusacker heißt. Derselbe ist zehentfrei von jeher gewesen. Was sich umso eher erklären lässt, wenn die Sage grund hat, daß dort der hl. Bonifacius geruht haben soll. Die Ehrfurcht und Liebe gegen den Heiligen duldeten dann nicht, daß diese Ruhestätte desselben Zehenten gab"* (Pfarrarchiv Heldenbergen, Ortschronik)

[148] Über die Einweihung berichtete das M‌AINZER J‌OURNAL 197/25.08.1909 ausführlich: *"Nach der Tradition im Volksmund und schriftlichen Aufzeichnungen in den*

Nicht weiter als 1926 zurückverfolgen lässt sich die Nachricht, dass es bei dem Acker auch noch eine *"Bonifatiusquelle"* gab, *"die allmählich zu einem, heute verschwundenen Froschloch" geworden sei*[149].

In der barocken Überlieferung der Pfarrei Heldenbergen[150] hat sich zu diesem Platz keine Spur gefunden. Die genaue Lage des heute in eine größere Parzelle einbezogenen früheren Bonifatiusackers ist in den Heldenberger Flurkarten und Flurbüchern des 19. Jahrhunderts festgehalten. Vor 1819 gehörte der Acker dem Kirchenkasten. Hierauf geht wohl zurück, dass er als zehntfrei aufgeführt wird. 1819 gab es noch weitere zehntfreie Äcker in der Gemarkung Heldenbergen, u.a. ein in der Nähe des Bonifatiusackers liegendes ehemaliges Ackerstück der Abtei Arnsburg und mehrere Parzellen der Pfarrei.[151]

In der Nähe lagen: eine römische Siedlung mit Gräberfeld - ein Hochgerichtsplatz (am späteren Freistuhl von Kaichen) - die Naumburg - die

---

alten Flurbüchern dahier hat an der Stelle des Bonifatiusackers der hl. Bonifatius geruht. Aus Ehrfurcht für die so geheiligte Stelle war dieser Acker zehnt-, steuer- und lastenfrei. Um nun diesen Platz, dessen Lage und Bedeutung infolge der Feldbereinigung bald aus dem Gedächtnis der jüngeren Einwohnerschaft entschwunden sein würde, für alle Zukunft kenntlich zu machen, haben die Mitglieder des Bonifatius-Vereins dahier es unternommen, die Mittel zur Errichtung eines Kreuzes aufzubringen. Es war ja zu alten Zeiten üblich, jene Stätten, wo der h. Bonifatius in besonderer Weise in Hessen und Thüringen gewirkt hatte, mit Kreuzen zu versehen. Unser Kreuz, ein keltisches Kreuz mit Runenverzierung auf einem mächtigen Quader und aus Muschelkalk gefertigt, erhebt sich ernst und würdig inmitten der reich gesegneten Fluren. Es trägt die einfache Inschrift 'Bonfatius-Ruh'".

Auführlich geschildert wird eine nachmittägliche Prozession *"bei denkbar günstigster Witterung"* mit vielen hundert Teilnehmern zum Kreuz. Fast alle katholischen Einwohner von Heldenbergen hätten sich beteiligt, und die Musikkapelle Ober-Wöllstadt *"in ihrer Gesamtstärke, trotz der schweren Erntezeit"* mitgewirkt. Der Platz war durch Fahnen und Wimpel dekoriert. Die Festpredigt hielt Pfarrer Erker von der Bad Nauheimer Bonifatiuskirche. Ihr folgten die von Dekan Schreiber *"nach kirchlicher Vorschrift"* vorgenommene Segnung, das *"von den anwesenden Gläubigen mit sichtbarem Ernst und inniger Begeisterung gesungene Bonifatiuslied"* und nach Rückkehr der *"unter Glockengeläute am Eingang des Dorfes begrüßten"* Prozession ein Tedeum in der Kirche. Bei einer *"kurzen weltlichen Nachfeier um 5 Uhr im 'Hessischen Hof'"* wetteiferten die Musikkapelle und der *"hiesige preisgekrönte Gesangverein Thalia"*.

[149] einzige Quelle hierzu ist MÜLLER: *Der Weg* (wie Anm. 30) S. 108 Anm. 44: Pfarrer Blum von Heldenbergen habe ihm mitgeteilt, *"daß dort auf einem von jeher zehntfreien Acker früher eine 'Bonifatiusquelle' gesprungen sei, die allmählich zu einem, heute verschwundenen Froschloch geworden war. Ein an dem Platz gestiftetes Kreuz sei am 22. August 1909 eingeweiht worden (vgl. Mainzer Journal 1909, Nr. 197)"* - eine andere Überlieferung verweist angeblich auf den "Pfingstborn"

[150] heute im DOM- UND DIÖZESANARCHIV MAINZ

[151] STADTARCHIV NIDDERAU, Bestand Heldenbergen (sowie für den 1. Bd. des Flurbuchs von 1819 z.Zt. STADTBIBLIOTHEK FRIEDBERG)

schon vorgeschichtliche und nach Wolff auch römische *"Hohe- oder Reffenstraße"*.

2. Bei dem in die Windecker Flurkarten von 1858/62[152] eingetragenen *"Bonifatiusacker"* oberhalb von Windecken steht heute ein Hochbehälter. Eingehende Analyse des von Vielsmeier vorgelegten Materials durch den Windecker Heimatforscher Heinrich Quillmann[153] hat den Beweis dafür erbracht, dass in unmittelbarer Nähe dieses Ackers auch der 1349 bezeugte *"Bonifacienbûrnen"* lag[154] (der Brunnen hieß schon Ende des 16. Jahrhunderts *"Wichlings-Brunnen"* und ist nicht mehr vorhanden[155]). Damit ist diese Stelle als Rastplatz bezeugt. Er liegt vor dem *"Ohlenberg"*, vermutlich einem vorgeschichtlichen Kultplatz. Von ihm aus besteht bester Sichtkontakt zum Glauberg, zum Eckartsborner Brand und zur Herchenhainer Höhe (Plätze vorgeschichtlichen Anklangs in der Nähe von Rastplätzen). Nahe bei finden sich *"Ruhhecke"*, *"Heiligenstock"* und *"Kreuzweg"*[156]. Am Ohlenberg lag offensichtlich eine weitere Megalithgruppe der Art, wie sie von Wolff in den anschließenden Windecker *"Junkernwald"* und *"Herrnwald"* festgestellt wurden.[157] Da sich in der Nähe der Rastplätze der Bonifatiusüberführung oft

---

[152] im STA MARBURG P II Nr. 1219/I, zitiert bei VIELSMEIER: *Flurnamen* I (wie Anm. 143) S.70 - es handelt sich um eine größere Parzelle von mehreren Stücken

[153] in FRANKFURTER RUNDSCHAU vom 03.01.2002 nach einer erst anschließend bekannt gewordenen Ausarbeitung vom 08.12.2002

[154] Die Stelle in der Verkaufsurkunde von zwei Huben **"in den feldin und in der termenunge zu Wonneckin"** (REIMER, HESS. URKUNDENBUCH II,2. Nr. 804) heißt: **"so daz dritte feld: Item an dem nyddirn felde vonff morgen, item uff dem obirn felde das Steynenhûs drittehalp morge, item by Bonifacienbûrnen sehs morgen, item an dem Holtzwege vonff morgen, item geyn Aleybûrnen andirhalp morgen"**.
Der Beleg wurde zuerst von MÜLLER: *Der Weg* (wie Anm. 30) S. 107f verwendet. Er nahm die Lage dieses Brunnens nahe bei der Nidder im Niederfeld der Gemarkung Windecken an, die der von Wolff vorgeschlagenen und von Müller beibehaltenen Wegführung durch das untere Niddertal entsprochen hätte. - Der Verf. hatte zunächst wegen der Fülle gleichlautender Flurnamen in den benachbarten Gemarkungen von Büdesheim und Kilianstätten den *"Bonifatiusbrunnen"* ohne weiteres der Heldenberger *"Bonifatiusruhe"* zuordnen zu können geglaubt (WETTERAUER ZEITUNG vom 5. Januar 2002)
Indes gehören die Flurnamen ausschließlich zur Gemarkung Windecken, und ihre Kette führt vor den Ohlenberg. Auch die von Vielsmeier nicht benutzten Windecker Ackerbücher des 18. Jahrhundert enthalten noch die gleiche Reihenfolge: Niederfeld - im Oberfeld das Steinerne Haus - im Oberfeld beim Wichlingsbrunnen - im Oberfeld beim Holzweg - im Oberfeld beim Ohlenborn (STADTARCHIV NIDDERAU, Bestand Windecken)

[155] die Lage ergibt sich auch aus einer Grenzbeschreibung der Gemarkung Windecken von 1598: **"daselbsthin auf die Mahlstatt und Vestigia, da die Landgewehr hingegangen, bis richtig ahn das Ohrt, an welchem die Landtgewehr wieder anfäht, diese Landgewehr hinauf, uf welcher etzliche große Stein noch stehen,**

Gerichtsplätze finden, könnte der Ohlenberg auch als Versammlungsplatz einer Urzent um das Bücherthal in Betracht kommen. Nahe bei in Marköbel/Rossdorf hatte denn auch ein mittelalterliches Dekanat seinen Sitz.

Luftaufnahme des Ohlenbergs, links die tiefe Rinne der Römerstraße Karben-Marköbel, rechts in einer Ecke zwischen zwei Wegen der Bonifatiusacker. Bildgrundlage: 257/53, 7972 – mit Genehmigung des Hess. Landesvermessungsamtes verfielfältigt Verf.Nr. 5719

---

hinab bis unten uf den großen Stein, so am Heldenberger Wald steht, ahn diesem Wald von solchem Stein hinab, zwischen zwei Äckern für beiden Häuptern hin, bis uf den Wichtlingsbrunnen ahm Fußpfath, ahier uf die recht seithen, neben Michael Schwerten Weidich hinauf, und ahn den Weingarthen hin, bis uf den Holtzweg" (STADTARCHIV NIDDERAU, Bestand Windecken: Beschreibung der Statt Windecken Bezirck und Abgang, Ende 16. Jh.,)

[156] bei VIELSMEIER: *Flurnamen* (wie Anm. 143) im Einzelnen belegt

[157] **"Mahlstatt und Vestigia, da die Landgewehr hingegangen"** (Anm. 155)

7/5 Suder

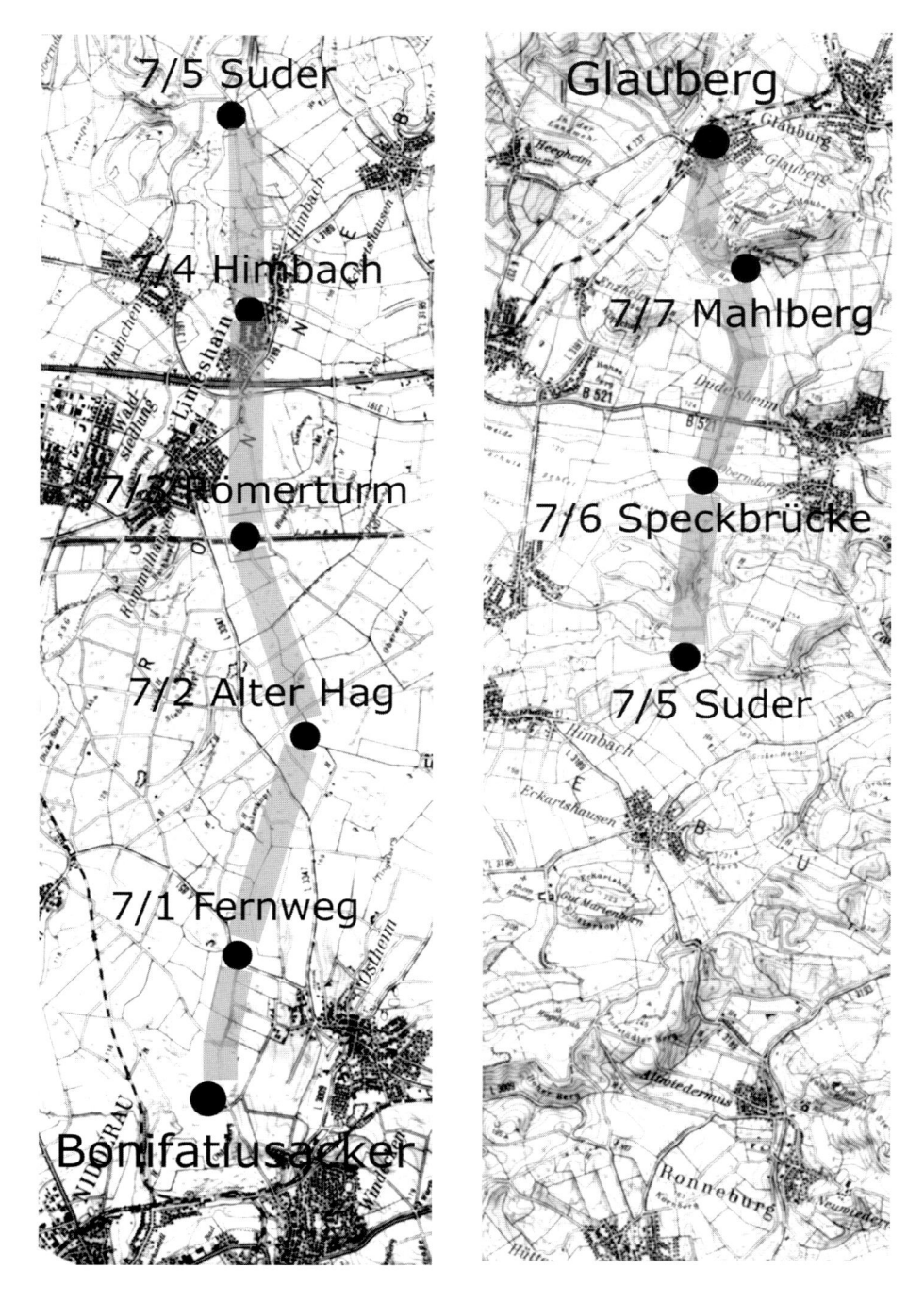

7/4 Himbach

7/3 Römerturm

7/2 Alter Hag

7/1 Fernweg

Bonifatiusacker

Glauberg

7/7 Mahlberg

7/6 Speckbrücke

7/5 Suder

4. Tag (12. Juli) Heldenbergen/Windecken-Glauberg

Der Ausgangspunkt der folgenden Tagesstrecke beim Bonifatiusbrunnen am Ohlenberg liegt fest. Für die Strecke selbst kommt wegen der Lage des nächsten belegten Rastplatzes bei der Meyerbruchquelle vor dem Grebenhainer Berg als einzige nachvollziehbare Verbindung nur die Straße über den Glauberg[158] in Betracht.

Für ein Ende der Tagesstrecke am Glauberg spricht, dass dies der vorgegebene Ort für die in der Passio Sancti Bonifatii belegte große Rast mit Proviantaufnahme vor dem Eintritt ins Waldgebiet war[159]. Daher ist für den vierten, mittleren Tag nur von einer einzigen Etappe ohne Mittagspause auszugehen. Glauberg liegt auch aus prozessionsgegebenen Gründen als Ziel dieses mittleren der sieben Tage auf der Hand. Für einen Demonstrationszug wie die Überführung musste der große Verwaltungsmittelpunkt aus vielen Gründen ein notwendiger Fixpunkt sein. Der Sattel zwischen Glauberg und Enzheimer Kopf bot sich wie schon in keltischen Zeiten für einen feierlichen Zug - als Höhepunkt der ganzen Veranstaltung - förmlich an. Und dies umso mehr, als durch die Berührung mit dem Heiligen der heidnische Charakter der damals vielleicht noch in größerer Anzahl sichtbaren Reste des Heidentums an diesem spektakulären Platz gebannt werden konnte.

I. Für den Übergang von der römischen Straße Okarben-Marköbel zur Glaubergstraße kommt zwar die alte Kreuzung der beiden Straßen – die vermutlich auf der alten Gemarkungsgrenze kurz vor dem Baiersröder Hof lag – in Betracht. Wahrscheinlicher ist aber, dass es damals bereits eine weiter westlich ansetzende Abkürzung gab. In Zusammenhang damit stehen könnte der im 19. Jahrhundert belegte *"Fernweg"* von der Gegend des Ohlenbergs herüber zum Waldgebiet und auf die alte Straße[160]. Weiter ging es dann - immer auf der nach Süden offenen Seite des zunächst außerordentlich breiten Höhenrückens - bis Himbach und von dort zum Düdelsheimer Suder.

II. Die *"Hohe- oder Reffenstraße"* über Marköbel scheidet wegen der Lage der Meyerbruchquelle (die weit entfernt von ihr jenseits der

---

[158] GROßHERZOGL. HESS. GENERALSTABSKARTEN FRIEDBERG und BÜDINGEN (1837-40) (**Karten 6**) - KURFÜRSTL. HESS. HÖHENSCHICHTENKARTE NAUHEIM von 1858 (**Karten 8**), MESSTISCHBLÄTTER ALTENSTADT von 1905 UND BÜDINGEN von 1920 (**Karten 13**)
[159] Anm. 102
[160] VIELSMEIER: *Flurnamen II* (wie Anm. 143) Karte 38a

Wasserscheide des Vogelsberges fließt) auch für die Strecke ab dem Ohlenberg aus.

Auch die bisher allgemein angenommene Streckenführung durch das Niddertal über Altenstadt wird durch die Lage des Rastplatzes am Ohlenberg ausgeschlossen. Sie schien so offensichtlich, dass Alternativen nie angedacht wurden[161]. Jetzt ist im Gegenteil die Existenz einer Durchgangsstraße durch das Niddertal vor dem Hohen Mittelalter noch fraglicher geworden.

Vollends gegenstandslos macht der Rastplatz am Ohlenberg die Müllersche (vom Verfasser bereits früher aufgegebene) Streckenführung von Altenstadt über Rodenbach auf die Höhe[162].

Die Großherzoglich Hessische Generalstabskarte "Büdingen" von 1837 (Karten 6) zeigt zwar die *"Speckbrücke"* über den Seemenbach, sonst aber nur einen Weg zum Glauberg über Düdelsheim

7. Etappe: Heldenbergen/Windecken-Glauberg (ca. 16 km)

Anhaltspunkte für den weiteren Weg sind (bis jeweils zu den folgenden Kartenpunkten):

(7/1) Vom Ohlenberg zweigt von der Römerstraße ab der *"Fernweg"*, der Richtung auf die Ecke der Marköbler Gemarkungsgrenze beim *"Alten Hag"* hält. Die Römerstraße dürfte daher bereits hier verlassen worden sein. Von

---

[161] die Wegführung bis Altenstadt war seit Wolff allgemein rezipiert, sie (und ihre Fortsetzung bis zur Glauberger Furt) hat der Verf. noch am 05.01.2002 in der WZ vertreten

[162] Sie hätte außerdem deutlich am Glauberg vorbeigeführt und schon deswegen nicht überzeugen können. Wegetechnisch passt sie ohnehin nicht zu einem alten Straßenzug.

Ostheim bis etwa zum *"Pfingstberg"* (zwischen Ostheim und dem Baiersröder Hof) ist die gradlinige Trasse dieser Römerstraße zwar nachgewiesen, aber völlig verschwunden. Die alte Straße vom Glauberg nach Bergen kreuzte sie wohl auf der früheren Gemarkungsgrenze von Ostheim mit dem Baiersröder Hof. Südlich der Römerstraße hat sich dort noch ein Stück alter Straße zwischen Hecken erhalten, und in der Flucht von dort nach dem bis etwa 1900 noch weiter ins Feld ausgedehnten Wald *"Alter Hag"* fanden sich nach Wolff um 1900 bei Rodungsarbeiten Latènezeitliche Hügelgräber. Indes sind nördlich der Römerstraße bis zur alten Gemarkungsgrenze von Marköbel keine Hinweise auf einen alten Wegezug mehr zu finden.

(7/2) Bis zur Ecke der Gemarkungsgrenze von Marköbel am *"Alten Hag"* findet sich in der Flucht des *"Fernwegs"* noch ein Stück Weg.

(7/3) Entlang der alten Gemarkungsgrenze von Ostheim mit Marköbel/Langen-Bergheim zieht auf längerer Strecke im Walde ein alter Wegzug (u.a. zwischen *"Altem Hag"* und *"Gebranntem Schlag"*). Große Grenzsteine des 19. Jahrhunderts begleiten ihn (Abbildung). In der Nähe des Dreimärkers Ostheim/Marköbel/Langen-Bergheim wird der Weg beidseitig durch einen Halbkreis aus Wall und Graben gefasst. An dieser Stelle gab es im 19. Jahrhundert noch den Flurnamen *"Am Hohenstein"*[163].

Beim ergrabenen steinernen "Römerturm" am Limes ist ein römischer Durchlass durch den Grenzwall anzunehmen. Nach dort führte noch nach 1900 ein heute verschwundener Weg von der Gemarkungsgrenze weiter[164]. Für die Anordnung dieses Wachtturmes sind militärische Zwecke offenkundig

---

[163] FLURKARTE OSTHEIM 1856 (**Karten 9**) vgl. VIELSMEIER: *Flurnamen II* (wie Anm. 143) Karte 51d
[164] MESSTISCHBLATT ALTENSTADT von 1905 (**Karten 13**)

(Positionierung auf der Höhe einer Bodenwelle mit Sichtkontakt nach beiden Seiten). Die alte Glaubergstraße dürfte etwas weiter rechts und damit etwas geschützter am Südhang verlaufen sein.

(7/4) Etwa da, wo die Flucht der Glaubergstraße über L3191 und A45 nach Himbach führt, fanden sich im 19. Jahrhundert noch große von Ost nach West verlaufende Wallanlagen[165].

(7/5) Am oberen Ende von Himbach führt ein Wegezug am Hang entlang zum Düdelsheimer *"Suder"*. Dort liegt ein über 1ha großes Viereck aus Wall und Graben (Abbildungen), das keinesfalls auf eine mittelalterliche Landwehr zurückgehen kann[166]. Verbindung dieser Anlage zur Glaubergstraße und zum Glauberg ist offensichtlich.

(7/6) Am Rand von Waldwiese und Senke finden sich Wegreste. Sie weisen herunter auf die *"Speckbrücke"* über den Seemenbach[167]. Für die Strecke unten im Tal bezeugen indes alle Karten nur Verbindungen über Düdelsheim.

(7/7) Am Geländesporn, der zum Sattel zwischen Glauberg und Enzheimer Kopf führt, findet sich in der Flucht ein zum Heckenrain gewordener Wegrest.

---

[165] ***"liegt auf der Anhöhe, südlich dem Dorfe Hainchen, auf der sog. Schlinke, da, wo jetzt eine neue Chaussee angelegt wird, ein bedeutender Graben mit Wall. Er zieht von Osten nach Westen und hatte offenbar den Zweck, einen von Norden her drohenden Feind abzuhalten"*** (DIEFFENBACH: *Urgeschichte der Wetterau* - wie Anm. 8 - S. 165) - ***"eine halbe Stunde von Lindheim südlich dem Dorfe Hainchen finden sich bedeutende Graben und Wälle"*** (DIEFFENBACH: *Das Großherzogtum Hessen in Originalansichten* Bd. II (Darmstadt 1849) S. 137)

[166] die Gemarkungsgrenzen folgen den Wällen und nicht umgekehrt

[167] GROßHERZOGL. HESS GENERALSTABSKARTE BÜDINGEN von 1837 (**Karten 6**)

Am Ende des langgestreckten Geländesporns, der von Düdelsheim heraufführt (Abbildung), liegt am Sattel zwischen Glauberg und Enzheimer Kopf (offensichtlich nicht ohne Zusammenhang mit der vorbeiführenden Durchgangsstraße) der *"Mahlberg"* mit dem Fürstenhügel.

Am Hang hinab führt ein Wegzug zur Stelle der Glauberger Kirche.

Kiesberg (7/4)

Nahe beim Übergang über die A45 liegt der *"Kiesberg"*. Zwischen ihm und dem Enzheimer Kopf besteht Sichtkontakt. Der Berg ist von einem auffallenden Kranz von Hügelgräbern umgeben (im Nordteil der Gemarkung Langenbergheim beim Bau der A45 als Hallstatt- bis Latènezeitlich identifiziert). Der Berg könnte daher eine mit dem Glauberg in Verbindung stehende Kultstätte gewesen sein.

VI. Rast (Nachts): Glauberg

Auf den Glauberg beziehen dürfte sich die Mitteilung der Passio über große Rast vor dem Eintritt in das Waldgebiet der *"Buchonia"*[168]. In Betracht dafür kommt nur das Waldgebiet des Vogelsbergs. Der tote Bonifatius wurde vermutlich in einiger Entfernung von dem lärmenden Leben der Höhensiedlung, in der die Teilnehmer Rast machten und sich für den zweiten Teil der Überführung verproviantierten, niedergestellt. In Betracht kommt die Stelle der Kirche von Glauberg, Mutterkirche des gesamten späteren Landgerichts Ortenberg. Für besonderen Charakter dieses Kirchplatzes könnte sprechen, dass die Glauberger Kirche im Gegensatz zu sonst bekannten Bergkirchen von dem Berg - wo sie sicherlich zunächst stand - an den Abhang verlegt worden ist und Ende des 12. Jahrhunderts vom Erzbistum Mainz zu Lehen ging. Auch um den Glauberg häufen sich noch in auffallender Weise Schenkungen an Kloster Fulda im ersten Jahrhundert nach Bonifatius[169].

Der von Müller (aus einem Wegkreuz der Mockstsädter Markschreibung und sehr unsicherer Überlieferung über ein Kloster Rodenbach im 10. Jahrhundert) erschlossene Rastplatz bei Rodenbach wird durch die Lage des belegten Rastplatzes auf dem Ohlenberg ausgeschlossen[170].

---

[168] Schon WOLFF ging in seinem *Vortrag zur Bonifatiusüberführung*, in: QUARTALBLÄTTER DES HISTORISCHEN VEREINS FÜR DAS GROßHERZOGTUM HESSEN N.F. 5/1913 S.166 und dann in *Bonifatius' letzte Fahrt* (wie Anm. 20) S. 59 für diese Hauptrast von **"der Gegend von Glauberg"** aus.

[169] HERZFELD: *Zu Schenkungen an das Kloster Fulda* (wie Anm. 54)

[170] Das von Müller angeführte Kreuz in der Grenzbeschreibung der Mockstädter Klostermark von 1365 (**"da uß bis an das creutze zu rodenbach an den graben"** - GRIMM, WEISTÜMER III, 435) ist für sich kein hinreichender Beleg. Ein Zusammenhang mit einer Straße wird nicht erkennbar, und das Kreuz ist nicht einmal in der Grenzbeschreibung das einzige (ein weiteres steinernes Kreuz im Tal der Nidda wird angeführt) - sollte das in einem einzigen, ganz unsicheren Beleg bezeugte Kloster in Rodenbach tatsächlich bestanden haben, würde seine baldige Verlegung oder Aufgabe eher gegen einen Bonifatiusrastplatz sprechen.

Schafskirche

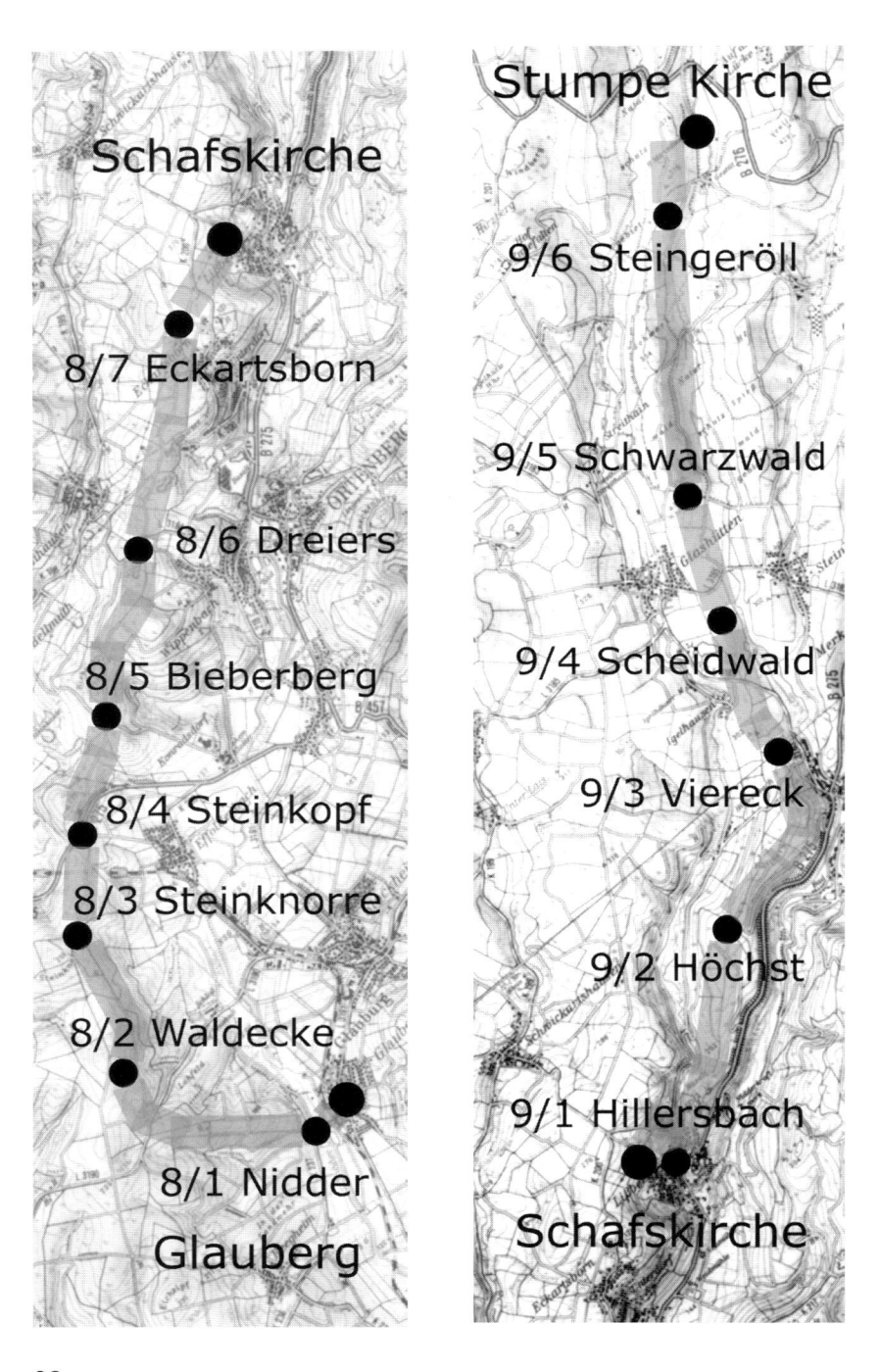

8/7 Eckartsborn

8/6 Dreiers

8/5 Bieberberg

8/4 Steinkopf

8/3 Steinknorre

8/2 Waldecke

8/1 Nidder

Glauberg

Stumpe Kirche

9/6 Steingeröll

9/5 Schwarzwald

9/4 Scheidwald

9/3 Viereck

9/2 Höchst

9/1 Hillersbach

Schafskirche

5. Tag (13. Juli) Glauberg-Burkhards

Die nächste Tagesstrecke ist alternativlos. Auf dem Weg vom Rastplatz bei Heldenbergen/Windecken zur Meyerbruchquelle kommt für die Teilstrecke vom Glauberg zu dieser Quelle nur die Fortsetzung der über den Glauberg führenden Straße auf der rechten Seite der Nidder[171] mit Übergang über den Hillersbach bei Lißberg in Betracht. An dieser Straße finden sich in entsprechendem Abstand zwei abseits aller Orte liegende später aufgegebene Kirchengebäude, die sich als Bonifatiusgedenkstätten einordnen lassen.

I

1. Der auffallende Verlauf der Glaubergstraße durch Lißberg wurde zuerst von Weitzel festgestellt. Der ihn tragende Befund ist eindeutig: die Spuren der bei Eckartsborn besonders tief und breit ausgefahrenen alten Straße weisen eindeutig herunter nach Lißberg, und am größten Teil der abschüssigen Bergkante ist der eingefahrene alte Wegezug noch deutlich erkennbar (während die Abkürzungsstrecke über die Höhe nichts Vergleichbares aufweist). Auch die Lage der *"Schafskirche"*, die nur straßenbedingt sein kann, belegt die Straßenführung herunter nach Lißberg. Darüber hinaus passt die ältere Straßentrasse im Schwarzwald nordöstlich von Glashütten nicht zu einer Abkürzungsstrecke, die vom Höhenrücken rechts des Hillersbaches kommt.

Die Glaubergstraße war offensichtlich am Verlaufe der Nidder orientiert und überschritt daher den Hillersbach direkt oberhalb von seiner Mündung, an einer Übergangsstelle ohne Nordschatten. Für diesen Übergang dürften auch militärische Gründe ursächlich gewesen sein. Der Anstieg von der Hillersbachfurt bei Lißberg zum Eckartsborner Brand konnte eine vorgelagerte Verteidigungsstellung des Glaubergs abgeben, und daher wohl war der Lißberger Burgberg in keltischer Zeit[172] mit einer Wallanlage befestigt.

Auch der Eckartsborner Brand auf der Höhe südlich von dieser Burganlage

---

[171] GROSSHERZOGL. HESS. GENERALSTABSKARTEN FRIEDBERG, BÜDINGEN, SCHOTTEN (1837-40) (**Karten 6**) - FLURKARTEN GLAUBERG, NIEDER-MOCKSTADT, LEUSTADT, EFFOLDERBACH, BELLMUTH, BOBENHAUSEN, ECKARTSBORN, LIßBERG, HIRZENHAIN, GLASHÜTTEN, STEINBERG, BURKHARDS (**Karten 7**) - älteste MESSTISCHBLÄTTER STADEN, ORTENBERG, NIDDA, GEDERN (1915-19) (**Karten 13**)

[172] bei der Schleifung dieses Walls wurden Bronzefunde gemacht, die verloren sind (***"eine bronzene Radnadel, die zerbrochen war, und das Bruchstück eines Bronzeschwerts"*** (E. WEITZEL: *Das Städtchen und die Burg Lißberg*, in: FESTSSCHRIFT DER FREIWILLIGEN FEUERWEHR LIßBERG (Lißberg 1961) S. 23))

selbst und das Lißberger Höchst mit seinen Steinformationen auf der entgegengesetzten nördlichen Höhe (zwischen beiden Stellen bestand Sichtkontakt) könnten Verteidigungspositionen gewesen sein.

Den gleichmäßigen Abstieg der Glaubergstraße nach Lißberg lässt diese ältere Aufnahme gut erkennen. Er folgt (von links nach rechts) der oberen Waldkante und schlägt ganz rechts eine Kurve herunter zum Hillersbach ein.

2. Zwischen dem Lißberger *"Höchst"* und dem *"Schwarzwald"* hat sich die Straßenführung stark verschoben. Die spätere, mit der Gemarkungsgrenze von Hirzenhain/Steinberg gegen Lißberg/Glashütten identische Trasse[173] auf dem Kamm ist nicht die ursprüngliche. Die Verlegung auf die Grenze wurde vielleicht erst in hessischen Zeiten nach 1450 durchgesetzt, um die Straße aus dem Landgericht Ortenberg mit fremder Landeshoheit zu bringen. Vielleicht sollte so auch der neue privilegierte Hirzenhainer Klosterbezirk umgangen werden. Eine ältere Trasse etwas unterhalb des *"Höllberg"* ist vom Lißberger Höchst bis zum *"Scheidwald"* noch deutlich zu erkennen und hat sich nur im offenen Steinberger Feld verloren.

---

[173] 1561 **"hohe Burkhartser Straße"** (STOLBERG. GESAMTARCHIV ORTENBERG, Bestand Ortenberg, IIH39) - **"hohe Strasse, so von Lisperg nach Burkharts uf der Hohe hergehet"** (STA DARMSTADT, E 13 Grenzakten - Kopie aus dem Nachlass Weitzel) - **"Straße von Burkhards nach Lißberg"** ("Topographische Karte von denen Forsten Hirzenhain, Ortenberg und Usenborn" 1817, STA DARMSTADT P1 Nr. 1839)
In den FLURKARTEN VON HIRZENHAIN von 1836/38 und GLASHÜTTEN von 1831 (**Karten 7**) heißt der Weg entlang der Gemarkungsgrenze durchgehend **"Straße"**, in den von STEINBERG von 1836/38 **"alte Straße"**.
Die Trasse der älteren Straßen zeigt noch fast durchgehend die GROßH. HESS. GENERALSTABSKARTE BÜDINGEN VON 1837 (**Karten 6**)

3. Noch stärker verändert hat sich die Strecke im Waldgebiet zwischen Hillersbach und Nidder oberhalb von Glashütten/Steinberg. Den heutigen Namen *"Schwarzwald"* trug im 16. Jahrhundert offensichtlich nur der vorderste Teil beim Reitkopf, der größte Teil des Waldes hieß *"Streithain"* (einen Namen, den immer noch als Zweitnamen der Ausläufer auf der *"Kaupe"* aufweist) oder auch *"Wald beim Streithain"*. In diesem Waldgebiet folgten drei Straßenzüge zeitlich aufeinander:

(1) Eine untere Straße, die in gleichmäßigem, mildem Anstieg relativ weit unten verlief, ist die älteste. Ihre Trasse hat sich in heutigen Wegen noch durchgehend erhalten. Vielleicht ist dies die *"Niedern Straße"*, die bei einem Grenzabgang im Jahre 1495 von hessischer Seite als Grenze beansprucht wurde[174]. Sie umging auf der Südseite die höchste namenlose Erhebung des Schwarzwaldes (*"Streithain"*?) mit seinem steilen Abhang und auch das *"Steingeröll"*. Beide boten hervorragende Verteidigungspositionen zur Straßenabsicherung.

(2) Eine mittlere Straße weiter oben am Abhang ist in ihrer - leicht unter der Höhe auf der südlichen Seite laufenden - Trasse ebenfalls noch deutlich zu erkennen. Sie dürfte eine anschlussbedingte Verschiebung der Straße durch den Schwarzwald gewesen sein, als die durch das Landgericht Ortenberg heraufkommende Straße höher hinauf auf den Grenzkamm verlegt worden war. Im früheren 16. Jahrhundert hieß diese Straße scheints die *"Straße in der Höhe"*[175], auch *"Herbsteiner Straße"*[176]. Nach dem Text des hessischen Grenzprotokolls von 1572 und der Stolbergischen Karte der wechselseitigen Ansprüche trat die *"hohe straßenn, so von Lispergk gein Burkhards gehet"* mit der Gemarkungsgrenze Glashütten/Steinberg in den Schwarzwald und verließ das Waldgebiet wieder am Abhang südwestlich des Steingerölls[177]. Auffallend ist eine südlich gewandte weit ausholende Umgehung der höchsten Erhebung des Schwarzwaldes. Zwischen unterer und mittlerer Straße sind hier mehrere Rinnen erkennbar.

(3) Die Entstehung der dritten, obersten Straße entlang der heutigen Gemarkungsgrenze Burkhards-Gedern - die Müller als Überführungsweg

---

[174] *"auf die Niedernn Straßen zu, und die straiße stracksheneuff biß widder die hege ann dem dufelszulle"* (G. STOLB. GESAMTARCHIV ORTENBERG, Bestand Ortenberg II H 10 f.1)

[175] Grenzbeschreibung des Klosterbezirks Hirzenhain, 16. Jh., STOLBERG. GESAMTARCHIV ORTENBERG, Bestand Ortenberg II H 39

[176] STOLBERG. GESAMTARCHIV ORTENBERG, Grenzakten - STA DARMSTADT C2 Salbuch Burkhards 1555

[177] Grenzziehungsprotokoll von 1572 (AHG 12/1868 S. 207ff) - Karte in STOLBERG. GESAMTARCHIV ORTENBERG, Bestand Gedern X,7

annahm - ist sogar protokolliert[178]. 1572 wurde zwischen Hessen und Stolberg-Königstein der Schwarzwald, damals Streithain, aufgeteilt und die neue Grenze mit Aufwürfen und Grenzsteinen markiert. Auf diese künstlich neugeschaffene Grenze wurde anschließend die (heute völlig überwucherte) Straße verlegt.

II

Der von Müller angenommene Verlauf der *"Rechten Nidderstraße"*[179] ist auf folgenden Teilstrecken überholt: Zug über die Steinknorre - Abkürzung rechts des Hillersbachs von Eckartsborn bis zum Streithain - nachweislich erst Ende des 16. Jahrhunderts entstandene heutige Grenzstraße durch den Schwarzwald - offensichtlich neuere Abkürzung auf der Nordostseite des Rehbergs - nachgeordneter Straßenzug auf der Nordseite des Schwarzen Flusses (bei doppelter Überquerung dieses Baches) - vermutlich erst spätere Abkürzung von Nösberts nach Steinfurt.

Auch der von Görich[180] konstruierte abweichende Verlauf der rechten Nidderstraße als Straße über die "große Wasserscheide" rechts des Hillersbaches von der Gegend der Schafskirche bis zum Hoherodskopf ist nicht haltbar. Wie schon Weitzel eingewendet hat, sollte die Straße dann besser "Rechte Hillersbachstraße" heißen. Görichs "Wasserscheidenweg" über den Hof Zwiefalten, der nicht einmal immer auf der Wasserscheide verläuft, ist eine erst im Zuge landgräflicher Jagden entstandene Schöpfung der Neuzeit. Das Gelände dort ermöglicht keine Wegeführung am geschützten Abhang, und es finden sich in ihm denn auch keinerlei Hinweise auf eine alte Straße. Schließlich gibt es für die von Görich vorausgesetzte (stark nordseitige) Verbindung vom Abhang des Hoherodskopfs zum Höhenrücken rechts des Schwarzen Flusses weder in Karten noch im Gelände Hinweise.

8. Etappe: Glauberg-"Schafskirche" bei Lißberg (ca. 13 km)

Anhaltspunkte für den weiteren Weg sind (bis jeweils zu den folgenden Kartenpunkten):

(8/1) Über die Nidder führte eine heute nicht mehr vorhandene Furt bei der Glauberger Mühle.

(8/2) Auf einem ins Tal ragenden Sporn steigt ein Wegezug bis zur L3190

---

[178] Grenzziehungsprotokoll von 1572, in: AHG 12/1868 S. 207ff

[179] MÜLLER: *Straßen I* (wie Anm. 27) S. 53ff

[180] GÖRICH: *Ortesweg, Antsanvia* (wie Anm. 37) und Straßenkarte im Historischen Atlas

an. Über der Nidder weist dieser Sporn deutlich alte Trasse auf. Das älteste Messtischblatt zeigt noch über Höhenpunkt 205,9 einen durchgehenden Wegzug auf die Gemarkungsgrenze von Nieder-Mockstadt. Auf der Grenze der vormaligen Gemarkungen Leustadt und Nieder-Mockstadt führt etwa einen halben Kilometer ein Weg bis zur Waldecke. Neben dem heutigen Grenzweg ist an einigen Stellen älterer Wegzug noch deutlich auszumachen.

(8/3) Beim Waldvorsprung liegt eine Stelle vorgeschichtlichen Anklangs (dünner Baumbestand, Wälle und Gräben). Von dort führt die natürliche Flucht durch den Wald (wo sich keinerlei Spuren finden) auf einen langgezogenen Wegzug, der in einer Kurve erreicht wird und in gleichmäßiger Steigung auf einer Kante am südlichen Abhang[181] bis etwa zum Höhenpunkt 248,7 ansteigt. Am Weg (und auf der *"Steinknorre"*) liegen Hügelgräber.

(8/4) Ein Abstieg bis zum nur etwa 200 Meter hohen Sattel zwischen Ranstadt und Selters (durchschnitten von der B275) schließt sich an. Links des heutigen Weges ist alter Wegzug an einigen Stellen zu erkennen. Auf dem Sattel zwischen *"Steinknorre"* und *"Steinkopf"* liegen unweit der natürlichen Wegetrasse zahlreiche Hügelgräber, davon eines mit über 20m Durchmesser.

(8/5) Auf der andern Seite der B275 steigt am Abhang ein Weg zur Höhe an. Nach dem Eintritt in den Wald ist alter Straßenzug seitlich noch als tief eingeprägte Rinne erhalten (Abbildung). Im Sattel zwischen *"Bieberberg"* und *"Steinkopf"* stand vor dreißig Jahren ein mittelalterliches Sandsteinkreuz; vor

---

[181] weiter auf der Höhe finden sich kein durchgehender Weg und keine Spuren eines älteren Weges - Die FLURKARTEN VON LEUSTADT von 1831 und von EFFOLDERBCH von 1838 (**Karten 7**) zeigen im Walddistrikt keinen Weg mehr.

dem Bieberberg finden sich drei große Hügelgräber (Abbildung).

(8/6) Südöstlich vom Bieberberg entspricht dem alten Straßenzug wohl die neuzeitliche Waldstraße[182]. Bei der "Weberlinde" biegt ein Wegzug ab und führt vorbei an einer heute regelmäßig viereckigen (auf dem ältesten Messtischblatt noch unregelmäßigen) Waldlichtung, die in den Wippenbacher Flurkarten *"Im Treuers"* heißt. Weiter geht der Wegzug in leichtem Bogen (erst auf der Gemarkungsgrenze zwischen Bellmuth und Wippenbach und dann am Waldrand durch die Gemarkung Bobenhausen) bis etwa zum Höhenpunkt 247,3 vor dem *"Dreiers"* an der L3184. Auf dem letzten Stück sind die Spuren des Weges verschliffen. Am Rande des Dreiers liegen wiederum drei große Hügelgräber. Nach dem Ortenberger Burgfrieden von 1357 stand zwischen Ortenberg und Bobenhausen an der Straße ein Kreuz[183].

(8/7) Jenseits der L3184 führt ein gut erhaltener alter Straßenzug[184] durch das freie Feld an Eckartsborn vorbei (Abbildung). Er verläuft (bei zerklüfteter Südseite) leicht nördlich in kleinen schützenden Senken und zeigt sich an mehreren Stellen als breit ausgefahrener Hohlweg. Seine Kurve vor der K200 nordöstlich von Eckartsborn, hinter der sich der alte Straßenzug ein Stück verloren hat, weist deutlich abhangsabwärts nach Lißberg.

---

[182] hier kennen Forstkarten des 19. Jh. (STA DARMSTADT, Karten P1 Nr. 468 und Nr. 1245) noch eine (ungünstigere) Wegeführung entlang der Gemarkungsgrenze Bellmuth-Wippenbach - die FLURKARTEN BELLMUTH von 1838 und WIPPENBACH von 1836/39 **Karten 7**) kennen diesen Weg nicht.

[183] FN 184

[184] der Ortenberger Burgfrieden von 1357 beschreibt hier den Straßenverlauf: ***"umb die Konradsdorfer Hart uff das Truwes und von dem Truwes biß uff die hohe straß by das Creuz das zwuschen Orttenberg und Bobenhusen stet und als die Straß gehet biß under Eckerßborn und hinder Eckerßborn ab biß an das alde***

Kurz vor der Schafskirche hat sich der alte Straßenzug zwischen Hecken und Steinaufschüttungen wieder hervorragend erhalten.

Bieberberg (8/5)

Vorgeschichtliche Bedeutung des Berges und seiner Umgebung ist greifbar. Sowohl der *"Bieberberg"* als auch der gegenüberliegende *"Steinkopf"* sind allerdings durch Steinbrüche weitgehend zerstört.

1741 berichtete der für den Bieberberger Hof zuständige Wallernhäuser Pfarrer: *"der Erbbeständer auf dem herrschaftlichen Hof erzehlet, daß der Bieberberg den Nahmen habe von einem heydnischen Abgott, welcher daselbst solte verehrt worden seyn, und meint Gedachter, man wisse die Stätte noch, wo der Abgott soll gestanden haben"*.[185]

Unter dem Bieberberg liegen drei große Hügelgräber. Nach Ranstadt zu findet sich der *"Hühnerwald"*, vor dem Bieberberg der *"Gaulsberg"*, beides Namen mit vorgeschichtlichem Anklang. Vom Bieberberg geht der Blick direkt auf das Wildfrauengestühl zwischen Blofeld und Dauernheim.

Ein beschädigtes Sandsteinkreuz im Sattel zwischen Steinkopf und Bieberberg an einer heute verschwundenen, von alten Effolderbachern mit einem "Thingplatz" verglichenen ebenen Stelle (dicht bei der alten Straße im "Stolberger Markwald" der Effolderbacher Gemarkung, rechts vom heutigen Weg) wurde vor etwa 30 Jahren bei Aufforstungsarbeiten von dem Effolderbacher Richard Bode vor der Zerstörung gerettet. Es soll jetzt wieder Aufstellung finden.

Im 18. Jahrhundert diente das Hofhaus des Bieberberger Hofes als Straßenwirtshaus für die Straße von Crainfeld nach Bergen. Die Gastwirtschaft bestand noch vor dem Zweiten Weltkrieg. Die Hofanlage ist in der Nachkriegszeit völlig verschwunden.

Hoffe Husse undewendig Liespurg und von dem Hoff Husse biß unden an Krummelbach"

[185] W. DIEHL: *Das Heiligtum auf dem Bieberberg bei Wallernhausen*, in: HESSISCHE CHRONIK 12/1925 Nr. 104

VII. Rast (Mittags): "Schafskirche" bei Lißberg

Oberhalb von Lißberg findet sich direkt an der alten Straße die Kapellenruine *"Schafskirche"*[186], die von Weitzel als Bonifatiusrastplatz eingeführt wurde. Hierfür sprechen: Lage an der Überführungsstraße - Passende Entfernung zu vorhergehendem und nachfolgendem Rastplatz der rekonstruierten Kette - Nähe von Stätten vorgeschichtlichen Anklangs - außergewöhnliche Dotation, die bei einer abgelegenen Kapelle besonderen Anlass voraussetzt – Verbindung zu Kloster Fulda.

In der Nähe der Ruine liegen Stätten vorgeschichtlichen Anklangs:
-der nur locker baumbestandene Eckartsborner *"Brand"* (Abbildung) mit frappierendem Blick auf den Glauberg (sowie Sichtkontakt zur Herchenhainer Höhe, Ohlenberg bei Heldenbergen/Windecken, Johannisberg bei Bad Nauheim und bis zum Odenwald)
-ein unterhalb des Brands liegendes teilweise bewaldetes großes Geröllfeld, der *"Frauenberg"*
-eine Steinformation *"Wildfrauenhaus"* im *"Frauenwald"* des Frauenbergs, die Mitte des 19. Jahrhunderts Dieffenbach gezeigt wurde und jetzt *"Häuschen*

---

[186] H. WAGNER: *Kunstdenkmäler im Großherzogtum Hessen. Kreis Büdingen* (Darmstadt 1890) S. 201 (Lissberg) - P. RUDOLF: *Die Lißberger Schafskirche - ein idyllischer Platz an der Bonifatius Route*, in: HESSENARCHÄOLOGIE 2002 S. 177-9 . – DIES. (mit C. Vogel): *Die Schafskirche bei Lißberg, Führungsblatt* = ARCHÄOLOGISCHE DENKMÄLER IN HESSEN 163 (Wiesbaden 2004) – Hinweise von R. Beck, Lißberg

der Wilden Frau" genannt wird[187].
In der Nähe der Ruine befindet sich ein heute nicht mehr sichtbarer Quellursprung.

Die schon Ende des 19. Jahrhunderts[188] stark von Baum und Strauch überwucherte Ruine wurde 2002/03 in zwei Kampagnen unter der Leitung von Pia Rudolf ergraben. Es ergab sich ein kleiner Bau von nur 7,10 X 4,20 m ohne Apsis und eigentliche Fundamentierung und wohl nur mit einfacher Flachdecke. Die Mauern sind auf das Gelände aufgesetzt. Einzig erkennbare Verzierung war eine Eckquaderung aus rotem Sandstein. Mauerbauweise, Mörtelbeschaffenheit, Fehlen älterer Funde und ein wohl zum Bauhorizont gehörendes Randstück graphitierter Keramik sprechen für eine Erbauung in der Zeit um 1500. Unter einer Ecke des in Schalenbauweise aus Basaltbruchsteinen vor die Ostmauer gesetzten Altars fand sich das unvollständige Skelett eines kleinen Hundes. Ob die Knochen schon zur Bauzeit eingebracht wurden, war aus der Lage nicht eindeutig zu erkennen. Ecksteine, Fussboden und Schieferdach scheinen gezielt entfernt worden zu sein. Das Fundmaterial reduzierte sich auf grobe Gebrauchskeramik des 16. bis 18. Jahrhunderts.

Angesichts der sonstigen Überlieferung muss von einem wie auch immer motivierten kleinen, einfachen und späten Ersatzbau für einen aus welchen Gründen auch immer verschwundenen mittelalterlichen Vorgängerbau

---
[187] PH. DIEFFENBACH: *Auszug aus dem Tagebuch einer Reise*, in: AHG 5/1847 S. 16 – M. SÖLLNER: *Auf den Spuren der Wilden Frau in Oberhessen I*, in: HEIMAT IM BILD 1973 Nr. 18 (Mitteilung von M. Redling, Lißberg)
[188] WAGNER: *Kunstdenkmäler* (wie Anm. 186)

ausgegangen werden. Dieser Vorgängerbau könnte auf dem Acker auf der andern Seite des Weges gestanden haben, aus dem immer wieder Steine mit Mörtelresten ausgepflügt werden. Luftaufnahme ist geplant.

Die "Schafskirche" wird erstmalig im Salbuch des Hauses Lißberg von 1578[189] erwähnt, als sie sicher längst Ruine war. Direkt von dem Gotteshaus als Ruine handelt ein Eintrag des Schwickartshäuser Pfarrers Stannarius aus der Mitte des 18. Jahrhunderts: *"Die Ruderen von einer alten catholischen Capelle sind noch vorhanden, etzo die Schafskirche genannt, vor der Mark am Wald, so selbst die Pfarr allhier ein Stück Land rund um die Capelle zu ziehen hat laut Urkund und Zehend Stein"*. Von demselben Pfarrer Stannarius stammt auch (unter Berufung auf ein nicht mehr vorhandenes Salbuch des 16. Jahrhunderts) der einzige Hinweis auf eine erhebliche Ausstattung der Kapelle: *"Sind solche Zinsen und Zehend außer und innerhalb des Gerichts Lißberg und unseres gnädigsten Fürsten und Herren Landen lauter geistliche Verstiftungen zur Pfarr allhier, von der Capell herrührend bei Lißberg"*[190]. Dies führt tief ins Mittelalter zurück. Aus weiteren Angaben von Stannarius und den in den Flur- und Grundbüchern der Gemeinden Lißberg und Eckartsborn[191] festgehaltenen Rechtsverhältnissen lassen sich der Kapelle zuordnen der Zehnte auf etwa 5 ha um sie herum, der Pfarrzehnte in Bellmuth und kleinere Zehnten in den Gemarkungen Ranstadt und Dauernheim, vor allem aber der halbe Zehnte auf einer weitgehend rechteckigen großen Fläche zwischen der Höhe und dem Laisbach (in mehreren Gemarkungen, vorwiegend der von Eckartsborn, die andere Zehnthälfte stand dem Landgrafen zu). Hinzu kam vor dem von der Ruine nicht weit entfernten *"Dicknetswald"* der volle Zehnt auf einem langgezogenen Streifen von weniger als einem ha in der Gewann *"Auf der Wallfahrt"*. Die Dotation einer einsam gelegenen Kapelle mit Zehnten ist ganz außergewöhnlich.

Bei dem großen Viereck mit geteiltem Zehnten handelt es sich offensichtlich um eine Rodung (Bifang) der Abtei Fulda, deren Zehnt mit Vögten geteilt wurde. Diese Art von Rechtsbeziehung führt jedenfalls in die Zeit vor Erstarrung der Rechtsverhältnisse im Hohen Mittelalter. Dabei setzten sich offensichtlich die hochadeligen Rechtsvorgänger der Landgrafen als Hochvögte gegen von der Abtei Fulda begünstigte Niedervögte aus dem Ritteradel durch. Die Abtei Fulda besaß bis zur Reformation den Patronat über die Pfarrkirche in Schwickartshausen, auf deren Gebiet der Bifang lag. Und sie verlieh noch bis ins 18. Jahrhundert die niedere Vogtei und nicht näher

---

[189] STA DARMSTADT C2 Salbuch Lißberg 1578

[190] PFARRARCHIV SCHWICKARTSHAUSEN, Akten

[191] STADTARCHIV ORTENBERG, Bestände Lißberg und Eckartsborn, Flur- und Grundbücher Ende 18. bis Mitte 19. Jh., teilweise mit Karten, Doppel der Flurkarten im STA DARMSTADT – die Rechtsverhältnisse der Abtei Fulda sind belegt in Fuldaer Urkunden im STA MARBURG

bezeichnete Zinsen und Zehnten auf diesem Bifang an Angehörige des Ritteradels. Allerdings handelte es sich lediglich um theoretische Verleihungen ohne irgendwelche Rechtsauswirkungen vor Ort. Besitzer von Hoheit und halbem Zehnten auf dem Bifang waren die Landgrafen. Dass der Zehntanteil der Abtei Fulda - zu unbekanntem Zeitpunkt - an die einsam gelegene Kapelle am Rande des Bifangs ging, ist ebenfalls außergewöhnlich und lässt auf größere Bedeutung dieser Kapelle für Kloster Fulda schließen. Ihre Existenz muss sie einem besonderen Anlass verdanken.

Ein Nachhall größerer Bedeutung der Kapelle sein könnte die Lißberger Ortstradition, die in der Schafskirche die einzig erhaltene Seitenkapelle eines verschwundenen großen Domes sehen will. Auffallend ist noch, dass nahe bei der Kapelle ein großes Stück Dominialland lag und sich das "Schafskirchenfeld" um die Ruine zwischen einem großen Stück Dominialland und dem Markwald bis zur Flurbereinigung als auffallender Keil Lißberger Gemarkung in die von Eckartsborn schob. Eine "Feldkapelle" ist bei den Gegebenheiten auszuschließen, es ist im Übrigen auch keine einzige im Vogelsberger Vorland bekannt.

Das von Würdtwein mitgeteilte Benefizienregister des Mariengreden-Archidiakonats aus der Zeit um 1440[192] kennt die Kapelle nicht. Es ist auch keine andere mittelalterliche Nachricht über sie bekannt. Sie könnte dem Archidiakon von Konradsdorf, Kloster Fulda oder auch dem Pfarrer von Schwickartshausen zugeordnet gewesen sein. Ihr Vermögen wurde in der Reformationszeit offensichtlich auf die Pfarrei Schwickartshausen übertragen, deren Archiv noch eine lateinische Abhandlung über die Berechtigung des Einzugs katholischer Stiftungen enthält. Spätester Endzeitpunkt der Kapelle ist die Einführung der Reformation in Hessen 1527, an deren Vorbereitung der damalige Pfandherr von Lißberg Rudolf von Waiblingen als enger Vertrauter Landgraf Philipps maßgeblich mitwirkte. Ein anschließender Bildersturm in der Grafschaft Nidda ist durch den Dominikaner Pelargus bezeugt[193]. Die Kapelle dürfte jetzt demoliert worden sein. Der Name Schafskirche rührt offensichtlich daher, dass sie als Schäferunterstand genutzt wurde.

9. Etappe: "Schafskirche" bei Lißberg - "Stumpe Kirche" bei Burkhards (ca. 12km)

Anhaltspunkte für den weiteren Weg sind (bis jeweils zu den folgenden

---

[192] S. WÜRDTWEIN: *Dioecesis Moguntina Teil III* (Mannheim 1777) (Archidiakonat Mariengreden) S. 178

[193] C. VOGEL: *Ambrosius Pelargus OP*, in: (Hsg. O. DASCHER MIT R. PFNORR) NIDDA. DIE GESCHICHTE EINER STADT UND IHRES UMLANDES (Nidda 2003) S. 135

Kartenpunkten):

(9/1) Ein ausgefahrener alter Straßenzug vor der Schafskirche geht bald in einen gewöhnlichen Feldweg über. Am letzten Randstück einer auf langer Strecke gleichmässig abschüssigen Bergkante hat sich der alte Straßenzug wieder gut erhalten (Abbildung, Foto aus dem Nachlass Weitzel). Nicht mehr zu erkennen ist in heute völlig bebautem Gelände der recht steile Abstieg in langgezogener Kurve herunter nach Lißberg zu einer flachen Furt im meist wasserarmen Hillersbach. Die Furt bestand vor einigen Jahrzehnten noch neben dem Steg.

(9/2) Jenseits des Hillersbachs zieht nach einer ausgeprägten Kurve vor dem ehemaligen Lißberger Stadtwirtshaus in relativ steilem Anstieg ein Weg am heutigen Lißberger Friedhof vorbei und weiter auf dem Kamm hinauf zum *"Höchst"* bei Höhenpunkt 262,9.

Vor dem Höchst wird der heutige Weg von ausgeprägten Rinnen (Abbildung) und anschließend von offensichtlich nicht natürlichen Steinanhäufungen (vor allem auf der Südseite) begleitet.

(9/3) Beim Höhenpunkt 262,9 zweigt ein alter Waldweg von dem weiter über den Kamm verlaufenden Weg nach rechts ab und verliert sich erst vor der Gemarkungsgrenze mit Hirzenhain. Jenseits der Gemarkungsgrenze führt ein durchgehender Wegzug immer entlang der Geländekante im Bogen unter dem *"Höllberg"* bis vor den *"Saukopf"*. Nordöstlich des Saukopfes (oberhalb des Wasserturms von Hirzenhain) stößt ein auffallendes Viereck aus Steinen und Gräben an die Flucht des Wegzuges. Die Flurkarten von Hirzenhain und das älteste Messtischblatt zeigen hier noch einen durch teilweise waldfreie Fläche führenden durchgehenden Wegzug zur *"Birkenweide"*.

(9/4) In der Birkenweide ist keine Spur eines Weges mehr zu erkennen. Entlang der Gemarkungsgrenze von Steinberg mit Glashütten schließt sich an ein Weg durch den *"Scheidwald"* bis zur L3183. Nördlich der L3183 führen alte Wege weiter bis zu einem kurzen Abstieg ins freie Feld.

(9/5) Zwischen dem Austritt aus dem "Scheidwald" und dem Eintritt in den *"Schwarzwald"* (über die *"Gaulfritzwiesen"* und hart unter dem *"Reitkopf"*) finden sich im freien Feld keine Wegspuren.

(9/6) In kaum merklichem Anstieg zieht ein zunächst verschlemmter und dann neuzeitlich geschotterter Wegzug durch den Schwarzwald - unten an der namenlosen höchsten Erhebung des Schwarzwaldes (353m) vorbei.

Unter dem *"Steingeröll"* findet sich ein Straßenstück mit noch ganz altertümlicher Steinfassung und –besetzung (Abbildungen).
Nicht weit unter dem Steingeröll liegt die Stumpe Kirche.

Reitkopf (9/5)

Eine Ansammlung von Steinen auf dem zu Anfang des 20. Jahrhunderts noch waldfreien *"Reitkopf"* (Abbildung) ist nicht natürlich. In der Nähe liegen die *"Gaulfritzwiesen"* und der *"Kohlhag"* Im angrenzenden *"Schwarzwald"* sah Müller Terrassen, die er sich nicht als mittelalterliche Rodungsterrassen erklären konnte. Die große Anhäufung von Aufwürfen im nahegelegenen Schwarzwald geht auf Windbruch zurück, ist aber auffallend.

Steingeröll (9/6)

Auf dem langgestreckten *"Steingeröll"* (auch *"Eiffenstein"*, *"Stein Knorr"* oder *"Eilenstein"*) und der anschließenden kleineren *"Kaupe"* (jetzt *"Streithain"*)[194] finden sich große nicht-natürliche Steinformationen (Verteidigungsstellungen?)[195]. Südlich und südöstlich finden sich Hügelgräber. Bindewald (Sage 48) hat für diese Stelle eine Sage um die Erscheinung einer *"Weißen Frau"* in einem *"Steingerölle, in dessen Mitte ein sehr großer und breiter, oben glatter Stein sich zeigt"* und unter dem viele Beeren wuchsen.

VIII. Rast (Nachts): "Stumpe Kirche" bei Burkhards

Dicht an der Nidder, etwa 2km unteralb von Burkhards, nahe an der Grenze von Gemarkung und Gericht Burkhards (heute Kreisgrenze) und nicht weit von der Glaubergstraße findet sich eine weitere einsam gelegene Kirchenruine[196], die von Müller als Rastplatz eingeführt worden ist. Für diese Zuordnung sprechen hier: Lage bei der Überführungsstraße – Passende Abstände innerhalb der Kette der angenommenen Rastplätze - Umgebung mit zahlreichen vorgeschichtlichen Anklängen und Nähe eines Hochgerichtsplatzes (in Burkhards) - abgelegene Lage, die einen besonderen Grund der Entstehung voraussetzt - Zähigkeit, mit der von Burkhards aus an diesem Kultort und dem *"Helg"* festgehalten wurde, - vielleicht auch der Name ("Martyrerkirche"?). Deutlich näher in Verbindung zum Bonifatiuskult gebracht hat jetzt die *"Stumpe Kirche"* Erika Müller mit der Entdeckung eines dem Burkhardser *"Helg"* ähnlichen Kopfes aus der Zeit um 1000 in Fulda. Das *"Heistolfseigen"* der Wingershäuser Kirchspielbeschreibung lässt sich - wie der Straßenmüller noch annahm – dagegen weder dieser Stelle noch ihrer Umgebung zuordnen[197].

---

[194] Im Salbuch von Burkhards von 1555 (STA DARMSTADT C2 Burkhards) ist der Name ***"Eilenstein"*** - im Grenzziehungsprotokoll von 1572 (AHG 12/1868 S. 207ff) ***"Eiffenstein"*** oder ***"Stein Knorr"*** - in den FLURKARTEN VON BURKHARDS von 1829 (**Karten 7**) ***"Steingelörr"*** (bei der Kaupe zunächst ***"Steingenörr"***, dann mit ***"Kaupe"*** überschrieben).
Beide Waldgebiete wechselten (als Ersatz für den Glauberg) in den 30er Jahren des 20. Jh. aus Staatseigentum in das des Fürsten zu Stolberg-Wernigerode. Die Grenze ist dadurch nur noch Gemarkungs- und Kreisgrenze.
[195] Erika Müller hält die Anlage für einen "steinzeitlichen Abschnittswall. Indikatoren: verwilderte Beerensträucher, Holunder und Brennessel, Maulwurfshaufen mit ziegelroter Erde wie aus vergangenen Tonwaren" (Mitteilung an den Verf.).
[196] zur Ruine jetzt eingehend D. WOLF/E. MÜLLER: *Die Stumpe Kirch (sog. "Marcellinuskapelle") bei Burkhards, Führungsblatt* = ARCHÄOLOGISCHE DENKMÄLER IN HESSEN 162 (Wiesbaden 2004)
[197] es lag nach dem klaren Wortlaut der Grenzbeschreibung (Anm. 217) auf der andern Seite der Nidder und ein gutes Stück weiter oben (da wo die Fuldaer Straße herabkam)

Ebensowenig hält einer Überprüfung stand das dieser Kapelle von Würdtwein zugeschriebene Marcellinus-Patrozinium. In das von Würdtwein verwertete Benefizienverzeichnis des Dekanats Friedberg (ca. 1440) ist hinter die Pfarreien Wingershausen und Wallernhausen außerhalb des Zusammenhangs eingeschaltet, *"nahe bei Gedern liegt die Kapelle des hl. Marcellinus, die zum Dekanat Friedberg gehört"*[198] Als einer Pfarrei zugeordnet erscheint die Kapelle nicht: weder unter der von Wingershausen (Dekanat Friedberg) noch unter der von Gedern (Dekanat Roßdorf) wird sie erwähnt. Da die beiden Martyrer Petrus und Marcellinus - als Kanonheilige Heilige erster Klasse - stets nur gemeinsam genannt werden und die Bezeichnung "nahe bei" weder System noch Terminologie des Registers entspricht, dürfte es sich um einen Einschub Würdtweins in das Register handeln. Er geht vielleicht auf Fehlinterpretation des Namens *"Mirtzelerkirche"* oder *"Mertzelerkirche"* zurück, den Würdtwein aus den zahlreichen in Mainzer Besitz gelangten Königsteiner Akten gekannt haben kann.

Die Stumpe Kirche ist umgeben von zahlreichen Flurnamen mit vorgeschichtlichem Anklang. Oberhalb der Stumpen Kirche findet sich das *"Steingeröll"* bzw. *"Eil(f)enstein"* und unterhalb an der Nidder die Stelle *"Im Teufelszahl"*. Im weiteren Umkreis liegen *"Mühlrain"*, *"Gaulskopf"*, *"Tempelswald"*, *"Freiloh"*. Im benachbarten Teil des Hillersbaches lag die Ortschaft *"Bleidenstadt"* (auch Bleistadt). Die in der Forschung allgemein zur ältesten Ortsnamenschicht gerechnete Ortsendung "stadt" ist östlich der Wetterau in höheren Lagen an keiner andern Stelle anzutreffen.

Mitte des 19. Jahrhunderts wies die Ruine noch einige Meter hohes Mauerwerk auf, gegen 1920 war sie nur noch eine *"mit Laubholz dicht bewachsene"*

---

[198] **"Item prope Gaudern. Ibidem jacet capella prope sancti Marcellini que pertinet ad sedem illam"** (Würdtwein, Dioec. Mogunt. (wie Anm. 192) S. 88)

Erhebung[199]. Von Müller Grabungen[200] ergaben wenigstens teilweise Anlage mit Triumphbogen zweiten Hälfte des 13. 0,9 m starkes Mauerwerk jetzt ein Stück hoch in 1931/32 durchgeführte Reste einer 17,1 X 8,8 m großen, eingewölbten spätromanischen zum Chor aus der Mitte oder Jahrhunderts. Ihr durchschnittlich aus Bruchstein mit Gussfüllung ist konserviert. Ecksteine und Fassungen waren aus Sandstein. Ältere Scherben o.ä. haben sich im ergrabenen Boden nicht gefunden. Einen hölzernen Vorgängerbau (nach einem Kreuz?) schließt dies nicht aus. Für ihn spricht jetzt vielmehr der *"Helg"*. Bis auf eine Ausnahme gingen die Funde während des Krieges in Gießen verloren.

Die Kirche wird erst in der Nachreformationszeit erwähnt. 1560 heißt sie in einer Grenzbeschreibung die *"Steinkirche"*[201]. Ein Grenzplan aus der Zeit um 1570 zeigt (auf der falschen Nidderseite) hart an der Grenze auf unstreitig

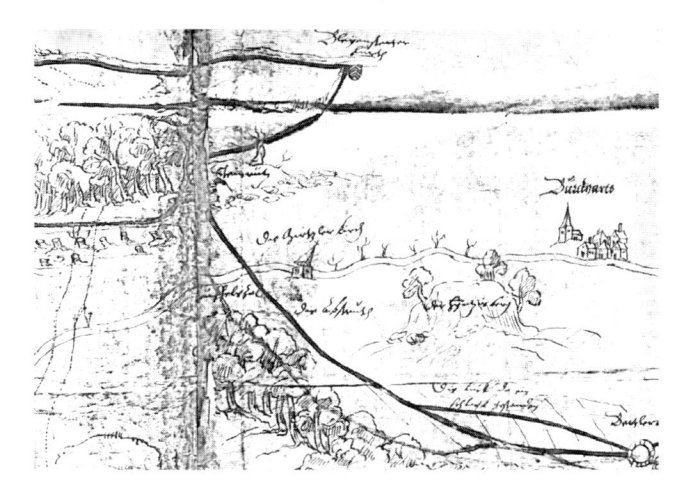

hessischem Gebiet eine Kirchenruine mit umgestürztem Turmdach und dem Namen *"Mirtzlerkirche"* Ein zugehöriger Aufteilungsplan hat die Variante *"Mertzelerkirche"*[202] (Abbildungen). Flurnamen *"Zum Mirzel"* und *"Im Erzel"*

---

[199] T. SCHWEISGUT: *Die stumpe Kirche im Niddertal*, in: FRISCHAUF 14/1925 S. 212f

[200] Fundberichte von K.T.C. MÜLLER: *Die Marcellinuskapelle bei Burkhards*, in: VOLK UND SCHOLLE 10/1932 S. 190-3 sowie MOGV 30/1932 S. 212f - dazwischen RAUCH, in: GERMANIA 1932, S. 157

[201] **"von obgemelten Bleydtenstetter Schlag under der alten hege an der stein kirchen hinauss, vber Josten Henß Acker, biß in sein wissen uff dem teuffels zal biß in die bach"** (STOLBERG. GESAMTARCHIV ORTENBERG, Bestand Gedern X 7)

[202] STOLBERG. GESAMTARCHIV ORTENBERG, Bestand Gedern X,7

waren noch im 20. Jahrhundert belegt[203]. Eine Nachricht von Pfarrer Schuchard aus 1720 in Ayrmanns Collectaneen, dass bei der Kapelle der ausgegangene Ort *"Erzell"* gelegen habe, könnte auf Interpretation dieser Flurnamen zurückgehen.[204] Sonst findet sich von einem Ort keine Spur.

Nach von Sauer mitgeteilter Burkhardser Ortsüberlieferung diente die 2km entfernte Stumpe Kirche (*"die ahle Kirche"*[205]) vor der Reformation als Kirche von Burkhards. In dem Würdtweinschen Benefizienverzeichnis von ca. 1440 ist denn auch der Ort Burkhards nicht aufgeführt und hat lediglich (innerhalb der Pfarrei Wingershausen) das benachbarte Kaulstoß eine Kapelle, die der Pleban von Wingershausen mitversah. Wohin die Stumpe Kirche rechtlich zugeordnet war, ist nicht zu ersehen.

Nach ebenfalls von Sauer mitgeteilter Burkhardser Ortsüberlieferung wurde die Kirche auf dem Burkhardser Friedhof kurz nach der Reformation als Ersatz für die Stumpe Kirche erbaut. Auf dem Plan von ca. 1570 ist die Stumpe Kirche als Ruine und oberhalb von Burkhards beim Friedhof eine vorher nirgendwo belegte Kirche eingezeichnet. Dass diese zweite Kirche immer noch abseits vom Ort auf einer Stätte mit vorgeschichtlichem Anklang liegt, ist bemerkenswert. Es ist davon auszugehen, dass die kultische Nutzung der Stumpen Kirche bald nach 1527 - als die Reformation in der Landgrafschaft Hessen sehr konsequent eingeführt wurde - aufgehört hat. Durch den Dominikaner Pelargus ist in der Grafschaft Nidda ein Bildersturm bezeugt. Ihr in 1570 überlieferter Zustand als Ruine dürfte daher auch auf Demolierung zurückgehen. Nach Schweisgut gehörte das Grundstück im 19. Jahrhundert teils der Burkhardser Pfarrei, teils dem Schultheißen.

Der heute in die Nordwand der 1754 mitten im Ort erbauten dritten Kirche *"eingemauerte Kopf, eine steinerne Maske, wie man sie vielfach an Kirchen und Toren findet"* (der *"Helch"*) stammt nach von Sauer mitgeteilter Burkhardser Ortssage aus der Stumpen Kirche.[206] In der Stumpen Kirche sei

---

[203] MÜLLER: *Der Weg* (wie Anm. 30) S. 102 - die Flurbezeichnung **"Zum Erzel"** findet sich in den FLURKARTEN VON BURKARDS 1829 (**Karten 7**)

[204] PH. DIEFFENBACH: *Auszug aus dem Tagebuch einer Reise* (wie Anm. 187) S. 127

[205] in den FLURKARTEN VON BURKHARDS von 1829 (**Karten 7**) heißt sie noch **"die alte Kirche"**

[206] **"Als die Burkhardser ihre Kirche auf dem Kirchhof hoch über dem Dorf erbaut hatten, holten sie sich den Helch aus der alten Kirche im Niddergrund in ihr neues Gotteshaus. Aber immer wieder, wenn sie ihn am Tag geholt hatten, war er in der Nacht wieder verschwunden und in die alte Kirche zurückgekehrt. Die Burkhardser haben ihn dann bis zur Errichtung ihrer neuen Kirche dort unten gelassen und erst dann wieder in ihr Dorf zurückgeholt. Nun endlich blieb er - denn die Burkhardser hatten ihn vorsorglich eingemauert und nur sein Kopf schaut noch heraus"** (F. SAUER: *Zwei Sagen der alten Kirche im Niddergrund*, in: KREISANZEIGER BÜDINGEN vom 13.8.1958 - aus dem Nachlass Weitzel)

er in Folge heftigen Widerstandes auch nach dem Bau der zweiten beim Friedhof gelegenen Kirche geblieben und erst in die Rückseite der dritten mitten im Ort erbauten Kirche verlegt worden, wo er vorsorglich eingemauert wurde. Dagegen lässt die von Bindewald mitgeteilte Version der Sage (*"Der Helge in Burkhards"*) das *"uralte, hochverehrte Heiligenbild"* nach heftigem Widerstand schon in die mit Material der Stumpen Kirche auf dem Friedhof erbaute zweite Kirche und von dort in die dritte Kirche im Ort gelangen[207]. Erika Müller hat im Dom-Museum in Fulda einen dem Burkhardser *"Helg"* ähnlichen *"Kopf eines Mönches"* entdeckt, der bei den Ausgrabungen Vonderaus von 1919-24 im Füllschutt der Ostkrypta der Ratgar-Basilika geborgen wurde und nach dem (entfernten) starken Kalkanstrich zu einer Mauer gehört haben dürfte. Das *"qualitätvolle Stück"* wird der 1. Hälfte des 11. Jahrhunderts (nach neuerer Ansicht bereits dem 10. Jahrhundert) zugeschrieben und war wohl Teil eines *"fast vollplastischen Reliefs"*[208].

Eine weitere von Bindewald mitgeteilte Sage *"Die stumpfe Kirche unter Burkhards"* hat Anklänge an eine Mönchsprozession[209]. Eine dritte Sage über einen in der Kirche verborgenen Schatz wird wiederum von Bindewald und der von Sauer mitgeteilten, nach Müller seinerzeit sehr lebendigen Ortsüberlieferung unterschiedlich wiedergegeben[210].

---

[207] *"Die stumpfe Kirche unter Burkhards war endlich baufällig geworden und man beschloß, auf dem heutigen Kirchhof, der dem Ort näher liegt, eine neue zu errichten, dazu aber das Material der alten zu benutzen. So brach man denn auch ein kleines, uraltes und hochverehrtes Heiligenbild aus der dortigen Mauer und versetzte es in die neue Kirche. In jeder Nacht aber ward das Bild von unsichtbaren Händen weggethan und man sah es wieder Morgens am gewohnten alten Platze. Man mochte es dort noch so oft wegholen, immer war's morgens wieder daselbst, so daß man wohl einsah, dem Heiligen gefiele der frühere Wohnort besser, als der ihm zugedachte. Um ihn jedoch der neuen Kirche mit seinem Segen zu erhalten, und an dieselbe zu fesseln, gelobten die Einwohner von Burkhards aus freiem Willen einen jährlichen Zehnten an Hafer zu geben zu Gottes Ehr und des Pfaffen Genies. Darauf verblieb ihrer Kirche das Heiligenbild und kehrte nicht mehr zurück. Noch heute wird dieser 'Helgehafer' geliefert; der 'Helge' dagegen befindet sich, nachdem auch jene Kirche geschwunden, vergessen und von Tünche überschmiert, an einer Wand des jetzigen Gotteshauses, das mitten im Dorf steht"* (T. BINDEWALD: Neue Sammlung von Volks-Sagen aus dem Vogelsberg, in: ARCHIV FÜR HESS. GESCHICHTE 12/1869, Sage 166)

[208] AUSSTELLUNGSKATALOG HESSEN UND THÜRINGEN (Marburg 1992), FÜHRER DOMMUSEUM FULDA (Ch. NICHT) - Mitteilungen von E. Müller

[209] (Bindewald Sage 122) *"Eine halbe Stunde unterhalb Burkhards im Grunde, die Nidder entlang, stehen hart am Wasser die spärlichen Mauerreste einer uralten Kapelle, auf welche von Wingershausen aus ein Fußpfad über den Bach führt, der noch jetzt der 'Paffenweg' heißt. Es ist jetzt schon lange her, da machten zwei Burkhardser Männer auf einer Wiese bei dieser stumpfen Kirche Heu. Es war um die Mittagszeit und der Schweiß lief ihnen unter dem Wenden von dem Gesichte. Indem sah der eine zwei alte Mönche mit grauen langen*

Die beider Helge von Burkhards und Fulda

Bärten und in ihrem klösterlich schwarzen Gewande den Pfad daher kommen. Er deutete stillschweigend seinem Gesellen auf die wunderliche Erscheinung, allein dieser sah anfangs gar nichts, erst als er ihm über die linke Schulter blickte, nahm auch er die beiden Pfaffen wahr, wie sie mit langsamem feierlichem Gesange, leise singend, nach der stumpfen Kirche fürbaß schritten und endlich in den Ruinen plötzlich verschwanden"

[210] Bindewald Sage 139: *"Die Ruinen der 'stumpfen Kirche unter Burkhards beherbergen einen Kessel voll Geld, welchen einmal mehrere Leute aus dem genannten Ort fast erlangt hätten, wenn sie klug genug gewesen wären. Als sie nämlich drauf und dran waren, ihn heraufzubringen, machte ihnen der Teufel ein Blendwerk vor mit einem Galgen, der plötzlich über ihnen stand, und daneben sahen sie den Henker mit blutrotem Kleid und bloßem blitzendem Schwerte. Allein sie ließen sich nicht irre machen und gruben weiter. Da kam der Teufel aber selbst angeritten auf einem großen zottigen Bock, und schrie dem Henker schon von Weitem zu: 'Henk mir den mit der roten Pelzkappe.' - 'Warum soll ich denn dran?', antwortete in Bestürzung einer der Männer, - und Galgen, Henker, Teufel, aber auch der Kessel mit dem Geld war weg. Das sank nun wieder ein Haushoch tiefer, als es gelegen hatte. Den Henkel sollen sie übrigens behalten haben und er ist noch in einem Hause unter altem Geräte verborgen".*

Sauer: *"In Burkhards und seinen Nachbardörfern ist noch heute die Sage lebendig, daß im Gemäuer der alten Kirche im Niddergrund in einem großen, schweren Kessel ein großer Schatz verborgen sei. Einmal vor vielen Jahren hätten sich zwei beherzte Männer aus Burkhards mit Hacke und Schippe aufgemacht, um zu mitternächtlicher Stunde den Schatz zu heben. Sie wußten, daß bei diesem Tun kein Wort gesprochen werden durfte, und gaben sich gegenseitig die Hand darauf, daß sie schweigen wollten, komme was da wolle. Schon waren sie bis zu dem Kessel vorgedrungen, und der eine hielt den mit Gold bis zum Rande gefüllten Kessel am Henkel und zog aus Leibeskräften daran. Da entfuhr dem andern unbedacht der Ruf: 'Hoabb en fest!' Der Kessel sank augenblicklich mit Donnergepolter wieder in die Tiefe. Dem zu Tode erschrockenen Schatzgräber war nur der Henkel des Kessels in der Hand geblieben. Seitdem hat niemand mehr den Versuch gemacht, den Schatz in der 'ahlen Kirche' zu heben".*

Bonifatiusquelle

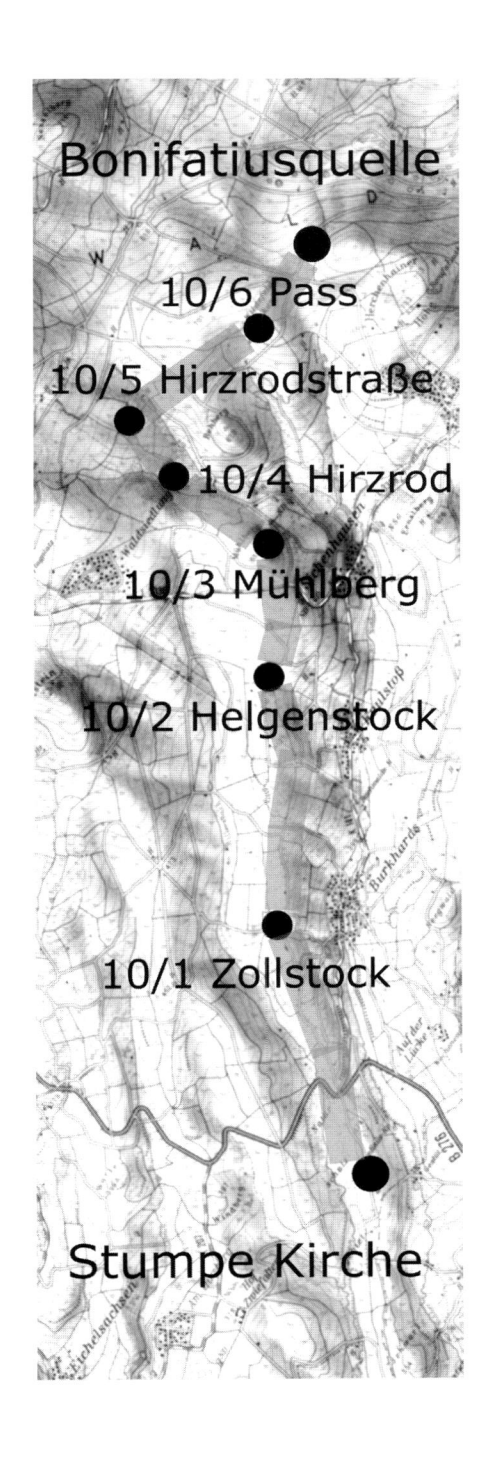

10/6 Pass

10/5 Hirzrodstraße

10/4 Hirzrod

10/3 Mühlberg

10/2 Helgenstock

10/1 Zollstock

Stumpe Kirche

11/4 Vaitsh. Höhe

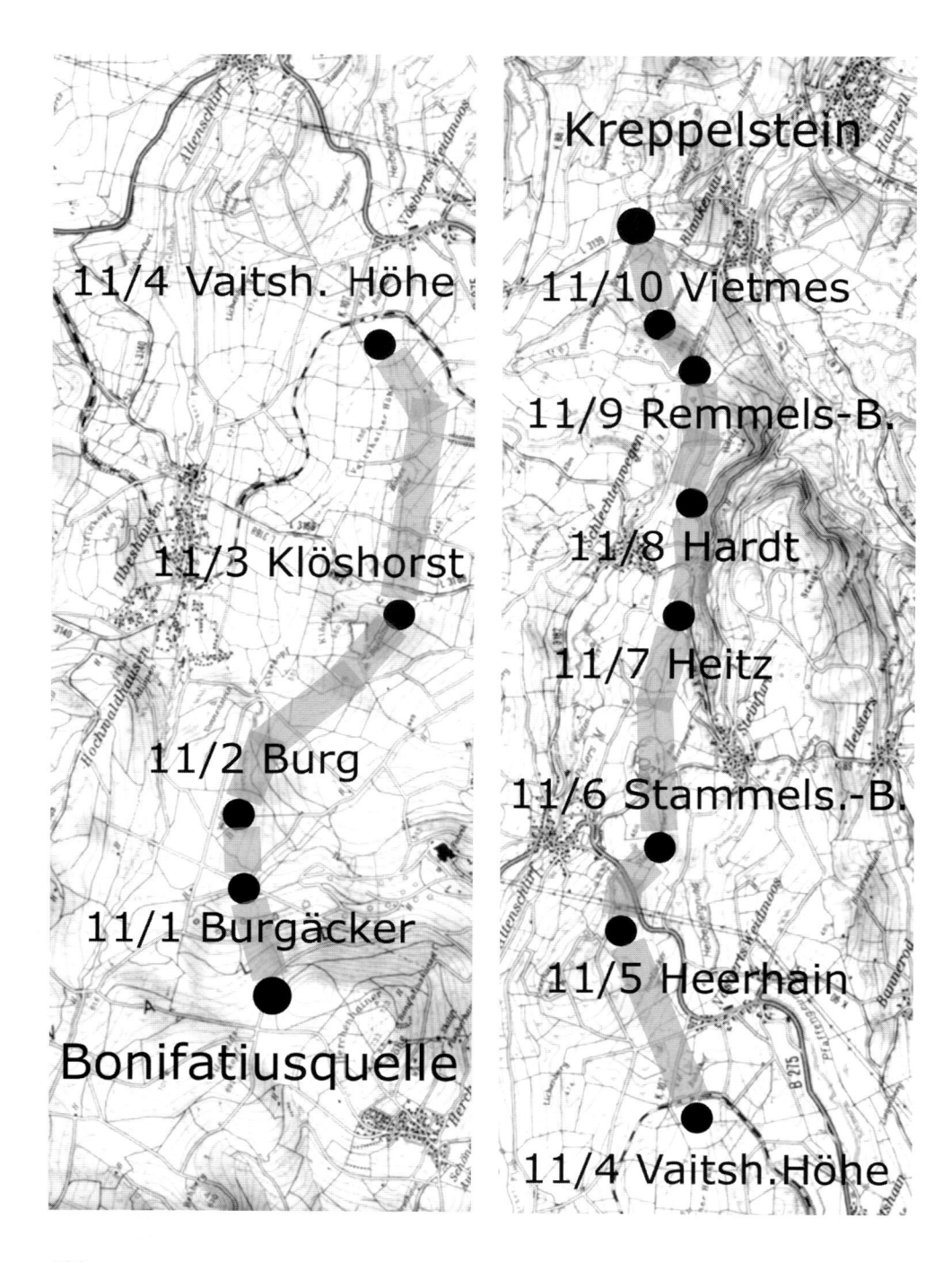

11/3 Klöshorst

11/2 Burg

11/1 Burgäcker

Bonifatiusquelle

Kreppelstein

11/10 Vietmes

11/9 Remmels-B.

11/8 Hardt

11/7 Heitz

11/6 Stammels.-B.

11/5 Heerhain

11/4 Vaitsh. Höhe

6. Tag (14. Juli): Burkhards-Blankenau

Der weitere Weg ergibt sich in den großen Zügen immer noch aus der Lage des nächsten Rastplatzes an der Meyerbruchquelle beim Grebenhainer Berg.

- Zu dieser Quelle führt von der Stumpen Kirche ein nachvollziehbarer Weg nur auf dem Höhenzug rechts der Nidder und um den *"Rehberg"*[211]. Flurkarten und Haassche Karte zeigen einen durchgehenden Wegzug bis zum *"Mühlberg"* als *"Straße"* und *"Alte Straße"* und von dort weiter im Bogen durch das Niddertal um den Rehberg als *"Hirzrod(Herzrod)weg"* und *"Hirzrodstraße"*.

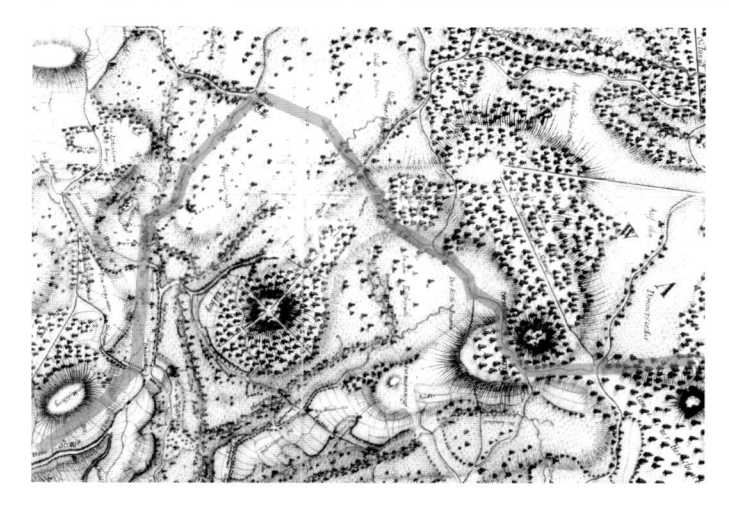

Dieser Ausschnitt des Haasschen Situationsplans von 1788 (Karte 3) zeigt den großen Bogen von Hirzrodweg und Hirzrodstraße um den Rehberg

- Von der Quelle ist für die weitere Strecke nach Fulda nur nachvollziehbar ein Weg über die Wasserscheide von Altfell und Schwarza[212]. Der Abstieg dieses Weges von der Quelle am Grebenhainer Berg ist in den Fuldaer Grenzbeschreibungen direkt bezeugt.

---

[211] HAASSCHER SITUATIONSPLAN VON 1788 (**Karte 3**) - GROßHERZOGL. HESS. GENERALSTABSKARTE SCHOTTEN (1838) (**Karten 6**) - FLURKARTEN BURKARDS, KAULSTOß, SICHENHAUSEN, HERCHENHAIN (**Karten 7**) - MESSTISCHBLÄTTER GEDERN von 1916/19, ULRICHSTEIN von 1914/15 (**Karten 13**)

[212] GROßHERZOGL. HESS. GENERALSTABSKARTEN SCHOTTEN (1838), HERBSTEIN (1840) (**Karten 6**) - FLURKARTEN HERCHENHAIN, GREBENHAIN, ILBESHAUSEN, VAITSHAIN, NÖSBERTS,

Die wohl schon im frühen Mittelalter abgekommene Strecke ist diesseits der Höhe noch fast überall erhalten. Jenseits der Höhe ist sie zwar weitgehend verschwunden, als steingefasster Weg unterhalb der *"Burg"*, Heckenstück unter dem *"Klöshorst"*, breite Trift durch die *"Heitz"*, Weg bei der *"Hardt"* und lange, breite Heckenstreifen oberhalb von Blankenau aber noch deutlich auszumachen.

Als spätere Abkürzung der großen Schleife durch das *"Hirzrod"* anzusehen ist ein Weg, den Haassche Karte und die Flurkarten von Sichenhausen zeigen und dem weitgehend ein heutiger Weg entspricht. Er steigt tiefer am Abhang des Mühlbergs und mit größerem Gefälle bis zum Nidderarm hinab, um dann nach einer S-Kurve - teilweise im Nordschatten des Rehbergs - wieder als *"Saalenweg"* anzusteigen und in unveränderter Richtung die Höhe zu erreichen. Vor dem Rehberg hat sich (nicht weit von dem modernen Weg) im Wald noch eine ausgeprägte Rinne dieses Abkürzungsweges erhalten, der später nach Lanzenhain/Herbstein[213] wie auch in Richtung Ulrichstein[214] führte. Die Wegstrecke ist bei nassem Wetter fast unbegehbar[215].

10. Etappe: "Stumpe Kirche" bei Burkhards- "Bonifatiusquelle" (ca. 12 km)

Anhaltspunkte für den weiteren Weg sind (bis jeweils zu den folgenden Kartenpunkten):

(10/1-2) Hinter der Kreuzung mit der B276 steigt auf der Höhe rechts der Nidder ein fast durchgehender, breiter und auf beiden Seiten meist von heckenbewachsenen Steinaufschüttungen begleiteter Weg über eine Strecke von etwa 6km mehr als 200m auf fast 600m Höhe an. Er erweckt ganz den Eindruck eines alten, einmal bedeutenden Straßenzuges. Er durchquert - fast immer leicht südlich vom Kamm - die Gemarkungen Burkhards und Kaulstoß, bis er den *"Mühlberg"* bei Sichenhausen erreicht.

(10/1) Kurz hinter der B276 verläuft der Weg ein Stück weit ganz leicht auf der Nordseite; auf der Höhe selbst sind dort aber wohl noch Reste ursprünglicher Wegeführung zu erkennen.

WEIDMOOS, ALTENSCHLIRF, STEINFURTH, SCHLECHTENWEGEN, STOCKHAUSEN (**Karten 7**) - MESSTISCHBLÄTTER GEDERN von 1916/19, ULRICHSTEIN von 1914/15 (**Karten 13**)
[213] schon 1555 heißt denn auch im Salbuch des Gerichts Burkhards (STA DARMSTADT C2 Burkhards) der Weg durch den Schwarzwald **"Herbsteiner Straße"**
[214] HAASSCHE KARTE VON 1788 (**Karte 3**)
[215] was nach Auskunft von Fritz Sauer schon den "Straßenmüller" irritiert habe

Bei einem auffallenden Knick, an dem der Weg keine Berandung mehr aufweist, findet sich die Flurbezeichnung *"Beim Zollstock"*.

(10/2) *"Am Helgenstock"* in der Gemarkung Kaulstoß weicht der Weg, - ebenfalls ohne Berandung, - ein kurzes Stück noch Norden aus. An der Grenze Burkhards-Kaulstoß liegt auf dem Geländerücken mit weitem Fernblick (auch zum Glauberg) der *"Ilmenlug"* (Elfenlug?).

(10/3-6) Das Gebiet nördlich der L3338 (vom *"Mühlberg"* bis zur Meyerbruchquelle vor dem Grebenhainer Berg) war im 19. Jahrhundert noch weithin waldfrei. Nach Ausweis der Karten des 19. Jahrhunderts schwenkte hier ein Wegzug in einem weiten Bogen mit mäßiger Steigung durch das obere Tal des rechten Nidderzuflusses und um den *"Rehberg"* auf den *"Sattel zwischen der Herchenhainer Höhe und dem Hoherodskopf"* (Stein) ein. Die Trasse dieses Wegzuges hat sich noch erhalten in vier ausgeprägten Rinnen (im Hirzrod, zu beiden Seiten der Nidder vor dem Rehberg und vor dem Übergang über die höchste Stelle) und längeren Stücken moderner Wege. Vom Mühlberg bis zur Meyerbruchquelle wird sie immer wieder von Hügelgräbern begleitet.

(10/3) Reste eines Wegzugs führen ein Stück höher als die heutige Wegeführung am *"Mühlberg"* (=Mahlberg) entlang (in den Karten stets *"Hoher Mühlberg"*). Auf dessen Gipfel findet sich ein größeres Hügelgrab.

(10/4) In der Trasse eines weitgehend gradlinig von Süd nach Nord verlaufenden Wegzugs finden sich auch am mäßig abfallenden Nordabhang des Mühlbergs Wegereste. An sie schließt sich an ein Weg, der zu den südlichsten Fischteichen verläuft.
Hinter dem schmalen (rechtesten) Nidderzufluss führt eine lange, tiefe Rinne (auf der Trasse des *"Hirzrodweges"*) zu einem durch offensichtliche Erdaufschüttungen künstlich erhöhten Basaltkegel (mitten in den *"Hirzrodswiesen"* des Haasschen Planes von 1788 und der Flurkarten von Sichenhausen von 1832). Nachrichten über diese zum Straßenzug gehörende und allem Anschein nach befestigte Kleinanlage liegen nicht vor.

(10/5) Noch ein Stück in dieselbe Richtung (nach Norden) weisen in der Flucht des *"Hirzrodweges"* Reste eines alten Wegzugs bis dahin, wo rechtwinklig zu ihm die *"Hirzrodstraße"* verlief. Nach der Haasschen Karte und den Flurkarten Anfang des 19. Jahrhunderts war sie damals Teilstück einer in ihrer Hauptrichtung von West nach Ost führenden Verbindung von der Zwiefalter Landstraße n Richtung Hochwald/Herchenhain.
Vor und vor allem hinter dem (unmittelbar westlich vor dem Rehberg verlaufenden) Nidderzufluss ist diese Straße, - die von Ost leicht nach Südost gewendet in mählichem Aufstieg die Höhe gewann, - noch in zwei ausgeprägten Rinnenstücken zu erkennen.

(10/6) *"Hirzrodweg"* und *"Hirzrodstraße"* schlagen einen großen Boden um den *"Rehberg"*, der wie ein einziges großes Hügelgrab wirkt und vielleicht Mittelpunkt einer großen Sakrallandschaft vor dem Übergang über den Vogelsberg war (Abbildung).

In der Flucht der Hirzrodstraße zieht ein Waldweg zwischen *"Saalewald"* und *"Eschwald"* mählich weiter zur Höhe. Bevor er den höchsten Punkt erreicht, setzt er sich hinter einer Waldwiese mit Hügelgräbern als tiefe Hohle fort.

In der Fortsetzung erreicht ein eingeschnitter Waldweg unter dem *"Wildefeldskopf"* bei Höhenpunkt 692,2 den Pass über den Vogelsberg (Abbildung). Dies ist die höchste Stelle der rekonstruierten Strecke zwischen Mainz und Fulda.

Von hier fällt ein teilweise moderner Wegzug zur Meyerbruchquelle ab.

IX. Rast (Mittags): "Bonifatiusquelle" am Grebenhainer Berg

Der nächste Rastplatz bei der vom Vogelsberger Höhenclub hergerichteten "Meyerbruchquelle"[216] unter dem Grebenhainer Berg (der Quelle der Schwarza) ist wiederum belegt.

In der Nähe liegen Hügelgräber (Erhebungen unmittelbar nördlich der Quelle bedürfen noch der Bestimmung). Im Umkreis findet sich eine auffallende Häufung von Namen vorgeschichtlichen Anklangs: *"Eschberg"* - *"Saalewald"* - *"Hühnerküppel"* - *"Wildefeldskopf"* (eine auffallend abgeflachte Erhebung) -

---

[216] nach Grebenhainer Ortsüberlieferung geht der Name auf einen in der Nähe von der Familie Meyer betriebenen Steinbruch zurück

"Donnersäcker" - "Burgäcker" und schließlich die "Burg", nahe bei der am Oberlauf eines Wassers eine riesige Hügelgräber-Nekropole liegt.

Die beiden Fuldischen Grenzbeschreibungen

Diese Quelle lässt sich als *"Bonifatiusbrunnen"* der beiden nach der Formulierung von Stein *"gegenläufigen"* lateinischen Grenzbeschreibungen[217] der fuldischen Überlieferung für die Kirchspiele Wingershausen und Crainfeld identifizieren.

---

[217] beide Grenzbeschreibungen (die von Crainfeld auch ein zweites Mal im Rahmen einer Dedikationsurkunde) wurden Ende des 11. Jh. in ein verlorenes Kartular des Klosters Fulda eingetragen - aus diesem Kartular veröffentlichte sie zuerst J. PISTORIUS: *Rerum germanicarum veteres scriptores* (Frankfurt 1607) Bd. VI S. 497/III+VI, S.526f/IV - Pistors Lesarten sind als die älteren und präziseren (vor allem in den bei Eberhard ausgelassenen Angaben, ob es jeweils aufwärts oder abwärts geht) als die authentischeren anzusehen.
Schon um 1150 waren beide Grenzbeschreibungen (mit vereinfachtem Wortlaut und in gefälschte Dedikationsurkunden eingebaut) in den CODEX EBERHARDI des STA MARBURGS aufgenommen worden. Aus diesem Codex (mit Zusätzen aus Pistor) veröffentlichte die Grenzbeschreibung von Crainfeld F.J. SCHANNAT in seiner *Buchonia Vetus* (Leipzig 1724). Auf Eberhard fußt auch der Druck beider Grenzbeschreibungen bei E.F. DRONKE: *Traditiones et antiquitates Fuldenses* (Fulda 1844, Nachdr. 1966).
Die Lesarten von beiden Pistor und Eberhard bringt T. HAAS: *Alte Fuldaer Markbeschreibungen XI-XII*, in: FULDAER GESCHICHTSBLÄTTER 14/1920 S. 27ff, 49ff, 89ff, der die Grenzbeschreibungen einer eingehenden Analyse mit Ortsbestimmungen unterzogen hat.

Nach der Analyse von Staab reichen beide Grenzbeschreibungen bis ins 11. Jahrhundert zurück, die von Crainfeld bis 1011[218].

- In der Beschreibung von Wingershausen lautet die betreffende Stelle: *"in der Nidda hinauf zum Steinbach und in diesem hinauf zu seiner Quelle - weiter zur Hohenstraße - in dieser hinauf bis zur Quelle des Hl. Bonifatius über dem Sueberfeld - von dort durch die Bertholdsschneise zur Bracht - in dieser abwärts bis zur Fuldaer Straße und auf dieser in Heistolfseigen - danach in die Nidder und in dieser hinab zum Windebrunnen"*[219].

- In der Beschreibung von Crainfeld heißt es gegenläufig: *"hinauf zur Betholdsschneise - von dort zur Quelle des Hl. Bonifatius - von dort den Hasenbach abwärts bis in die Hasel - von dort in die Schlirf"*[220] (Im Übrigen sind wegen großer Sprünge beide Grenzbeschreibungen möglicherweise nur lückenhaft überliefert).

"Fons Sancti Bonifatii" ist zusammen mit *"Bertholdessneida"* gemeinsamer Punkt beider Grenzbeschreibungen. Außerdem führen die Angaben, dass es von der Bertholdsschneise zum Tal des Schwarzen Flusses hinab bzw. in umgekehrter Richtung zum Bonifatiusbrunnen hinauf ging, zwingend zum rechten, südlichen Abhang des Schwarzen Flusses. Dort ist die Quelle samt der Schneise da zu suchen, wo die beiden in der Zeit des vollen Ausbaus der Pfarrorganisation entstandenen Kirchspiele aneinander grenzten. Diese gemeinsame Kirchspielgrenze ist (auch) als die gemeinsame Grenze der Gerichte Burkhards und Crainfeld anzusehen, denn die beiden Kirchspiel-Grenzbeschreibungen geben exakt (auch) die Grenzen der Gerichte wieder.

Die ihnen gemeinsame Grenze

Zur Ermittlung der gemeinsamen Grenze der beiden Gerichte ist zunächst von den modernen Grenzen der Gemarkungen auszugehen und nur in begründeten Fällen von ihnen abzuweichen, wie schon Müller postuliert

---

[218] F. STAAB: *Echte Termineiurkunden aus dem früheren Mittelalter und Fälschungen Eberhards von Fulda*, in: MGH SCHRIFTEN 33,III (Hannover 1988) S. 283ff - Den Hinweis auf die Arbeit von F. Staab verdankt der Verf. F. Stein

[219] **"inde in (fluuium) Nitigis, et sic sursum usque ad Steinbah, et sic sursum in caput ipsius Steinbah, inde ad Houuistrazun (inde Howestrazen), et sic sursum ad fontem S. Bonifacii super Suueberfeld (Sueberfeld), inde per (ad) Bertoldes sneida (et) usque in Brahtaha et sic deorsum in Fuldere strazun et per illam in Heistolues eigen, inde in Nitorn et sic deorsum in Windebrunnen"** (die unterschiedlichen Lesarten bei Pistorius und Eberhard bringt Haas, gefolgt wird der Lesart bei Pistorius mit Ergänzungen aus Eberhard)

[220] **"A Muosesprinc sursum usque ad Bertholdes sneida, inde ad fontem S. Bonifacii, item Hasenbach deorsum usque in Hasalaha, et inde in Slerepha"** (Lesart Pistorius I)

hat[221]. Diese Grenzen sind mit den Angaben in den erhaltenen älteren Grenzbeschreibungen abzugleichen.

- Auszugehen ist daher von den in den Flurkarten festgehaltenen Grenzen der Gemarkungen Breungeshain und Herchenhain (des Gerichts Burkhards) einerseits und der Gemarkungen Sichenhausen, Ilbeshäuser Wald und Grebenhain (des Gerichts Crainfeld) andererseits[222].

- Zeitlich weiter zurück führen Grenzbeschreibungen der beiden Gerichte aus dem 16. Jahrhundert:
1. Für die Nordgrenze des Gerichts Burkhards ist dies eine aus dem Anfang des 16. Jahrhunderts stammende Grenzbeschreibung der Gemarkung von Alt-Sichenhausen[223]. Nach ihr war die nördliche Grenze des Gerichts Burkhards ursprünglich auch Grenze der Gemarkung Sichenhausen und wurde erst nach der Aufteilung dieser Gemarkung zur Grenze von Breungeshain.
2. Die Westgrenze des Gerichts Crainfeld bezeugt ein bei Landau zitiertes Weistum (offensichtlich das *"Weyßthum des Pfingstgerichts im Amt Kreynfelt von 1556"*)[224]. Bis zum Grebenhainer Berg und wieder ab dem Schwarzen Fluss (oder Schwarzbach) deckt sich diese Grenze mit den in den Flurkarten festgehaltenen Grenzen der Gemeinden Herchenhain – Grebenhain/Ilbeshäuser Wald. Für die Strecke dazwischen ist die Grenzbeschreibung nicht eindeutig und gibt vielleicht nur einen Anspruch wieder.

- Noch erheblich weiter zurück reichen die Angaben in den beiden Fuldischen Grenzbeschreibungen.

---

[221] **"ausgehen muss man deshalb stets von den heutigen Gemarkungsgrenzen und wesentliche Abweichungen müssen begründet und wahrscheinlich gemacht werden"** (MÜLLER: *Der Weg* (wie Anm. 30) S. 101)
[222] Karten 7
[223] **"durch das Kribelsloch biß an das Hoherode - vom Hohenrode zum Geissenstein zu, von dannen wieder denn Nesselbergk - vom Nesselberg wider die Eppenwiesen, von der Eppenwiesen naher dem Wald, die Esche genant"** (STOLBERG. GESAMTARCHIV ORTENBERG, Bestand Ortenberg, S 1)
[224] **"bis auf den Scheidtborn - bis auf den Brontzborn - bis an den klein Hüttberg in die Steinrücke - von der Steinrücken an auf der Höhe herfür bis auf die holzern Brücken, die ligt unten an der Eppewiesen - bis auf den Buchborn - bis an den hohen Nesselbergk an die Kauthen"** (G. LANDAU: *Beschreibung des Gaues Wettereiba* (Kassel 1855) S. 211 - F. STEIN: *Wo lag das 'Sueberuelt'*, in: BUCHENBLÄTTER 57/1984 Nr. 24)
Eine undatierte Grenzbeschreibung des 16. Jh. hat: **"Scheidtborn - Bruntzborn - bis an den Steinfels an die Hohe - uf dem hoechsten durch den waldt uf die holzern brucken, die an der Eppenwiesen liegt /am Ilbeshauser wasser/ - buchborn - hohe Nesselbergk"** (StA Darmstadt E13 31/5)

Aus diesem Material ergibt sich:

- Die gemeinsame Grenze der Gerichte Burkhards und Crainfeld im oberen Tal des Schwarzen Flusses lief vom Grebenhainer Berg über den Schwarzen Fluss zum Nesselberg und wich damit ein deutliches Stück nach Osten von der Rhein-Weser-Wasserscheide ab. Dass die Nordgrenze der zum Gericht Burkhards gehörenden Gemarkung Breungeshain (vorher Alt-Sichenhausen) auf dem Hochplateau um den Hoherodskopf teilweise über die Wasserscheide hinausgreift und deswegen vom Landgrafenborn zum Nesselberg verläuft, hängt wohl auch zusammen mit Holzmangel im Gericht Burkhards nach Abholzung der Abhänge. Markante Grenzpunkte wurden so die Quelle des äußersten auf der Wasserscheide oszillierenden Zuflusses der Nidda und die bereits jenseits der Wasserscheide liegenden Höhen Geiselstein und Nesselberg[225]. Diese Verschiebung kann auch damit zusammenhängen, dass von Süden her die Gemarkungsgrenze Herchenhain/Grebenhain (Westgrenze des Gerichtes Crainfeld) am Grebenhainer Berg der in etwa in einer Linie mit dem Nesselberg verlaufenden Wasserscheide folgt. Als Grenze zwischen den so festgestellten Grenzpunkten Grebenhainer Berg und Nesselberg liegt auf der Hand deren direkte Verbindung mitten durch das obere Tal des Schwarzen Flusses. Weil zusätzlich zwischen Grebenhainer Berg und Nesselberg das Tal am Oberlauf des Schwarzen Flusses nach Westen ausbuchtet, geriet es (mit der dortigen Gemarkung Eigelshain) fast zwangsläufig ins Gericht Burkhards.

- Die gemeinsame Urgrenze der beiden Gerichte ist aber noch etwas weiter östlich von den heutigen Gemarkungsgrenzen anzunehmen. Im oberen Tal des Schwarzen Flusses können die modernen Gemarkungsgrenzen nämlich keine ursprünglichen Grenzen von Einzelgemarkungen sein[226]. Sie gehen vielmehr zurück auf Aufteilung der Gemarkung Eigelshain, die das obere Tal des Schwarzen Flusses einnahm[227]. Die Gemarkung Eigelshain war

---

[225] Dementsprechend greift schon die Grenze des Kirchspiels Wingershausen bis in die Gegend des **"Landgrafenborn"** aus (und dürfte von dort zum Nesselberg gezogen sein). Die Quelle der Nidda wurde damals noch deutlich tiefer angesiedelt (noch die HAASSCHE KARTE VON 1788 (**Karte 3**) tut dies, wenn auch an unzutreffender Stelle). Dementsprechend heißt in der Wingershäuser Beschreibung der heutige Oberlauf der Nidda (etwa vom **"Kalteborn"** bis zur heute sogenannten "Niddaquelle") der Optik entsprechend **"Steinbach"**. Von der HAASSCHEN KARTE bis zum MESSTISCHBLATT ULRICHSTEIN von 1914/15 (**Karten 13**) ist der Name dieses heute zur Nidda gerechneten Bachverlaufs noch **"Mies(graben)"**.

[226] Die ursprünglichen Grenzen von Herchenhain und Grebenhain haben sich mit Sicherheit nicht über die Höhe hinaus in ein zweites Tal erstreckt (wo die von Herchenhain sogar noch über den Wasserlauf hinausgeht). Atypisch ist auch, dass die Grenze der Gemarkung Ilbeshäuser Wald nur teilweise dem Wasser folgte.

[227] T. SCHWEISGUT: *Die Wüstung Eigelshain*, in: FRISCHAUF 14/1925 S. 56 dürfte zutreffend davon ausgehen, dass **"Donnersäcker"**, **"Burgäcker"**, **"Eppenwiese"** zur

aber offensichtlich ins Gericht Burkhards einbezogen. Hierfür spricht außer der Lage zwischen den beiden Grenzpunkten auch die Ersterwähung im Zusammenhang mit Herchenhain, die spätere anhaltende Verbindung mit Sichenhausen und nach Wüstwerden die Einbeziehung eines größeren Teils der Gemarkung in die von Herchenhain. Als ursprüngliche Grenze des Gerichtes Burkhards ist daher von der Außengrenze der Gemarkung von Eigelshain auszugehen, die am Südabhang des Schwarzen Flusses ein Stück weiter östlich als die heutige Ostgrenze der Gemarkung Herchenhain verlaufen sein dürfte[228].

- Einem derartigen Grenzzug entspricht die Grenzbeschreibung von Crainfeld, wenn sie die Grenze vom Grebenhainer Berg nicht weiter westlich über die Wasserscheide auf der Höhe weiterführt, sondern unten durchs Tal auf die Hasel ziehen lässt. Am wahrscheinlichsten ist dabei, dass sie über den vom *"Mönchborn"* ausgehenden Zufluss der Hasel als *"Hasenbach"* zur *"Hasel"* zog. In diesem Fall kann der Mönchborn auch darum nicht der Bonifatiusbrunnen sein, weil es von letzterem nach dem Wortlaut der Grenzbeschreibung erst zu diesem Zufluss ging. Weniger wahrscheinlich ist, dass mit *"Hasenbach"* der heutige *"Schwarze Fluss"* (oder Schwarzbach) gemeint war[229], der seinen jetzigen Namen erst später erhielt.

Identifikation des "Bonifatiusbrunnens"

Die Angaben der Grenzbeschreibungen belassen auf der so festgestellten gemeinsamen Grenze der beiden Gerichte durch das obere Tal des Schwarzen Flusses für die Lage des Bonifatiusbrunnens nur ein relativ kurzes Stück von maximal 2km zwischen Grebenhainer Berg im Süden und Schwarzem Fluss im Norden.

---

alten Gemarkung Eigelshain gehört haben - zur Wüstung auch G.W.J. WAGNER: *Die Wüstungen im Großherzogtum Hessen - Provinz Oberhessen* (Darmstadt 1850, Nachdruck Vaduz 1991) S. 224f / G. MACKENTHUN: *Die Wüstungen im Kreis Lauterbach* (Diss. Marburg 1948) S. 135f

[228] die Rechtslage ist unübersichtlich: vom 14.-16. Jahrhundert lag die Grundherrschaft in Sichenhausen und jedenfalls einem Teil von Eigelshain bei den Rechtsnachfolgern der Büdinger, zuletzt bei den Eppsteinern - hessische Landeshoheit ist für Sichenhausen im 15. Jahrhundert innerhalb des Gerichts Burkhards und für Eigelshain im 16. Jh. innerhalb des Gerichts Crainfeld bezeugt. Letztere Zugehörigkeit erklärt, dass 1537 der Platz des Ortes beschrieben wird als **"leigt unwendig der Eppewiesen uff einem wasser das schwartz floß genannt stoist widder Ilbeshausen und furter widder den Monchwaldt"** (STOLBERG. GESAMTARCHIV ORTENBERG, Bestand Ortenberg S 1)

[229] Diesen Namen hat das Wasser erst später erhalten, als an seinem Rand lebhafter Köhler- und Eisenverhüttungsbetrieb herrschte und das Wasser dadurch eingeschwärzt wurde (F. STEIN: *Altefelltal und fränkische Besiedlung*, in: BUCHENBLÄTTER 52/1979 Nr. 26)

Dies Stück wird noch weiter eingegrenzt auf den höher gelegenen Teil der Südseite des Schwarzen Flusses durch die Angabe der Wingershauser Grenzbescheibung, dass (in der Gegenrichtung zu der Crainfelder Beschreibung) zu diesem Brunnen die *"Hohe Straße"* h i n a u fführte[230]. Auf der Nordseite des Schwarzen Flusses (wohin es in der Richtung der Wingershauser Grenzbeschreibung hinabging) und auf dem unteren Teil der Südseite konnte eine Höhenstraße unmöglich heraufkommen. Dass der Brunnen nach der Beschreibung *"über"* dem *"Sueberfeld"* lag, führt zur Lokalisierung dieses Feldes in der Gegend um die *"Burg"*[231]. Mit der Ortsangabe ist der Brunnen offensichtlich von weiteren damals noch allgemeinbekannten Bonifatiusbrunnen abgegrenzt.

Nach diesen Eingrenzungen ist die Lage des Bonifatiusbrunnens anzunehmen auf dem oberen Teil des Abhangs, der vom Grebenhainer Berg zum Schwarzen Fluss abfällt. Und zwar da, wo eine heraufkommende Straße den Sattel zwischen Grebenhainer Berg und Wildefeldskopf erreichte. Dies ist so nahe beim Grebenhainer Berg, dass die ursprüngliche Gerichtsgrenze noch nicht erheblich von der heutigen Gemarkungsgrenze Herchenhain/Grebenhain (die der Flucht über den Grebenhainer Berg entspricht) abwich.

In dem so eingegrenzten Bereich gibt es nur eine Straßenführung und eine Quelle: In der Richtung der Wingershäuser Grenzbeschreibung zog von der Wegespange unter der *"Burg"* zum natürlichen Übergang über den Vogelsberg die Glaubergstraße. Ihr natürlicher Verlauf zwischen diesen beiden Punkten führte durch die *"Burgäcker"* und über den Abhang hinauf. In ihrer Richtung liegt oben auf dem Sattel als einzige und wasserreiche Quelle die *"Meyerbruchquelle"*, einer der Zuflüsse der Schwarza. Damit kann dieser Teil

---

[230] das ***"sic"*** ("auf diese Weise") lässt sich nur auf die Straße beziehen

[231] das ***"super"*** ("über" als Ortsangabe) beschreibt die Lage des Brunnens; im Übrigen würde sich auch keine andere Lage des Sueberfeldes ergeben, wenn "super" die Richtung bezeichnen würde, in der die Straße hinaufführte - bereits STEIN hat das *"Sueberfeld"* (dessen Namen er von dem Personennamen Sweifher/Suebher ableitet) deutlich östlich des Taufsteins im oberen Bereich des Schwarzen Flusses angesiedelt (F. STEIN: *Wo lag das 'Sueberuelt' der Salzschlirfer Kirchspielbeschreibung?*, in: BUCHENBLÄTTER 57/1984 Nr. 23-24)

Für einen größeren Umfang des Sueberfeldes - vielleicht den gesamten Höhenrücken, auf dem die *"Burg"* liegt, von ihr bis zur Vaitshainer Höhe - könnte der Wortlaut der Schlirfer Grenzbeschreibung von 885(?) sprechen. Sie folgt offensichtlich der vorgeschichtlichen Hauptstraße von der Gegend oberhalb von Blankenau bis vor den Vogelsberg und biegt vielleicht doch schon auf die ***"Weinstraße"*** ein: ***"usque ad Hadamundes - deinde ad Scliedenweg - inde ad ulteriorem Slierefam - inde ad Sweherfeld - inde ad stantem pontem - inde ad Landestrazun"*** (die Urkunde ist nach den (von Staab übernommenen) Feststellungen von STEIN nur bei PISTOR überliefert, nicht aber im CODEX EBERHARDI - Wegen einiger nicht zur Zeitstellung passender Namen begegnet zumindest für die (überarbeitete?) Termineibeschreibung die Jahresangabe 885 Bedenken, vgl. den nicht weiter verfolgten Ansatz von F. STEIN: *"In Bochonia..."*, in: BUCHENBLÄTTER 50/1977 Nr. 12)

der Glaubergstraße als die *"Hohe Straße"* der Wingershauser Grenzbeschreibung und die Quelle (oder eine Variante) als *"Bonifatiusbrunnen"* der beiden Grenzbeschreibungen identifiziert werden.

Abgrenzungen

1. Die nach der Wingershäuser Grenzbeschreibung zum Bonifatiusbrunnen hinaufführende Straße würde auch dann zu keiner andern Quelle als der Meybruchquelle geführt haben, wenn die Grenze des Gerichtes Burkhards auf der Rhein-Weser-Wasserscheide von der Gegend des Taufsteins bis zur Herchenhainer Höhe - zunächst etwa entlang der Sichenhauser Gemarkungsgrenze - gelaufen wäre. Unter dem Wildefeldskopf hätte die Grenze dann nämlich zwangsläufig doch auf die alte Hauptverbindung über den Vogelsberg und über sie auf die Meyerbruchquelle geführt. Eine andere *"hinaufführende"* Straße als Grenze ist sonst nicht zu ersehen.

2. Der von Görich als Rastplatz eingeführte[232] *"Bonifatiusbrunnen"* auf dem (vom Scheidepunkt der beiden Grenzen weit entfernten) Taufstein kommt als Bonifatiusbrunnen der beiden Grenzbeschreibungen schon darum nicht mehr in Betracht, als die gemeinsame Grenze beider Gerichte vor dem Nesselberg in unterschiedliche Himmelsrichtungen abbiegt. Darüber hinaus passt auch die Grenzbeschreibung von Wingershausen nicht zu ihm; denn sonst würde die Grenze erst entlang der Niddazuflüsse nach Norden bis zu deren Anfang und dann in einem scharfen Knick zurück zum Taufstein nach Süden verlaufen sein.

Der Name des Bonifatiusbrunnens auf dem Taufstein steht nachweislich mit der Überführung nicht in Verbindung und geht wohl erst auf die "Bonifatiusrenaissance" des 19. Jahrhunderts zurück. Was Wolf/Bindewald nach der Mitte des 19. Jahrhunderts als seinerzeitige "mündliche" Tradition wiedergaben, bezieht sich jedenfalls allein auf den lebenden Bonifatius als Täufer[233] und trägt völlig den Charakter nachträglicher Interpretation des Namens *"Taufstein"*. Haassche Karte, Breungeshainer Flurkarten und Generalstabskarte[234] kennen einen Bonifatiusbrunnen noch ebensowenig wie die ersten Karten oder Führer des Vogelsberger Höhenclubs aus der Zeit um 1900. Er findet sich erstmalig – offensichtlich historisiert - auf dem ersten Messtischblatt von 1915. Den *"Taufstein"* gibt es schon auf der Haasschen Karte von 1788.

---

[232] W. Görich: *Ortesweg, Antsanvia* (wie Anm. 37)

[233] **"Der Taufstein ist vor Zeiten der heiligste Berg gewesen ringsherum, und die alten Heiden haben dort ihre Kirche gehalten. Der heilige Bonifacius ist aber hergekommen und hat daselbst eine Kapelle aus Holz gebaut, und aus der Quelle, die oben fließt, die ersten Christen im Vogelsberg getauft. Seitdem heißt der Berg der Taufstein"** (Bindewald: *Sage 9* (wie Anm. 207). Bindewald kennt

Auch das von Görich angeführte Motiv für einen großen Umweg über den Taufstein (dass man den toten Bonifatius auf dem höchsten Punkt noch einmal dem Umland zeigen wollte) kann nicht überzeugen. Die Felsenformation des Taufsteins ragt keineswegs auffällig heraus und böte selbst bei völlig waldfreiem Umfeld keinen größeren Rundblick. Es ist sehr unwahrscheinlich, dass in fränkischer Zeit überhaupt bewusst war, dass hier der geographisch höchste Punkt des Vogelsberges lag.

Im Übrigen gab es keine alte Straßenverbindung, die rechts des Hillersbaches hinauf zur Gegend des Taufsteins geführt hätte. Und hätte es eine solche gegeben, wäre eine Straßenführung erst in die Gegend des Niddaursprungs und dann zurück zum Taufstein - wie sie die Wingershauser Grenzbeschreibung fordern würde - schlicht nicht nachvollziehbar.

3. Ebenso wenig zu den Grenzbeschreibungen passt der von Müller[235] (im Nachgang zu einer von Haas übernommenen Stelle bei Schannat[236]) als Rastplatz eingeführte "Mönchborn" beim "Mönchwald" auf der Nordseite des Schwarzen Flusses vor Ilbeshausen. Zu dieser Quelle ginge es in der Richtung der Wingershauser Grenzbeschreibung jedenfalls nicht aufwärts[237]. Bereits Stein hat dargelegt, dass diese Quelle auf einem (vielleicht zusätzlicher Holzversorgung dienenden) Besitzkomplex des Klosters Arnsburg lag und der Name sich daher zwanglos letzterem Mönchskloster zuordnen lässt; auch findet sich der Name Bonifatiusbrunnen im Zusammenhang mit dieser Quelle nirgendwo[238].

4. Schon wegen der Ergebnisse von Staab nicht mehr aufrecherhalten werden kann die von Stein vertretene These, dass die Meyerbruchquelle als der "Huzemannsbrunnen" der Grenzbeschreibung des Kirchspiels von Lüder anzusehen ist.[239]

---

auch die Bonifatiuskanzel bei der Herchenhainer Höhe – In Kurzform findet sich die Taufstein-Tradition schon bei J.W. WOLF: *Hessische Sagen* (Göttingen 1853) Sage Nr. 212 ("Der Taufstein, mündlich")

[234] Karten 4,6,7

[235] MÜLLER: *Wo sprang die Bonifatiusquelle* (wie Anm. 33) S. 51ff

[236] **"fontem illum S. Bonifacii hodiedum scaturire dicique a vicinis locorum incolis der Munichs-Brunn"**

[237] läge das Sueberfeld, wie Müller annimmt, beim Taufstein, könnte der Mönchborn außerdem unmöglich der "über" dem Sueberfeld liegende Bonifatiusbrunnen sein

[238] F. STEIN: *Wo lag das 'Sueberjelt'*, in: BUCHENBLÄTTER 57/1984 Nr. 23

[239] STEIN: *Wo lag das 'Sueberuelt'* geht von der früher allgemein rezipierten Praemisse aus, dass die Lüderer Grenzbeschreibung aus 850 stammt und daher noch das erst später geschaffene Kirchspiel Crainfeld einschließt. Er sucht die Grenzpunkte daher auf der großen Wasserscheide von Rhein und Weser.
STAAB hat indes nachgewiesen, dass auch diese Grenzbeschreibung gesichert nicht vor die Zeit um 1100 datiert werden kann und das von Eberhard mitgeteilte Datum von 850

Wo der dazu gehörende Wegzug hinter dem *"Hohen Holz"* ansetzt, kreuzt (nach einer tiefen Hohle) die wohl erst in fränkischer Zeit von der Kinzig heraufziehende *"Weinstraße"*.

(11/5) In der Fortsetzung entlang der Südseite des Höhenverlaufs (durch die im 19. Jahrhundert noch waldfreie, heute bewaldete Nösbertser *"Hutweide"* und den damals meist ebenfalls waldfreien Südabhang des *"Heerhains"*) ist in der Flucht nur oberhalb der *"Hohläcker"* ein altes Stück Weg auszumachen. In der Nähe finden sich drei große Hügelgräber (Abbildung).
Möglicherweise gab es schon früh eine Abkürzung unterhalb des *"Stammelser Bergs"*.

(11/6) Am *"Stammelser Berg"*, der Steinbefestigung zeigt, deuten Heckenraine auf einen alten Wegeverlauf.

(11/7) Anschließend ist das Gelände durch einen Steinbruch zerstört. Im *"Katzenklos"* und weiter durch die *"Heitz"*[245] verläuft durch den Wald eine teilweise breite Trift (Abbildung). An deren Ende kommt von rechts ein alter, besteinter Weg, der wohl zur Trasse der von Burkhards über Steinfurt heraufkommenden *"Fuldaer Straße"* gehört.

(11/8) Nach dem Austritt aus der *"Heitz"* setzt sich der Wegzug - teilweise von Steinhecken begleitet - bis zur *"Hardt"* fort.

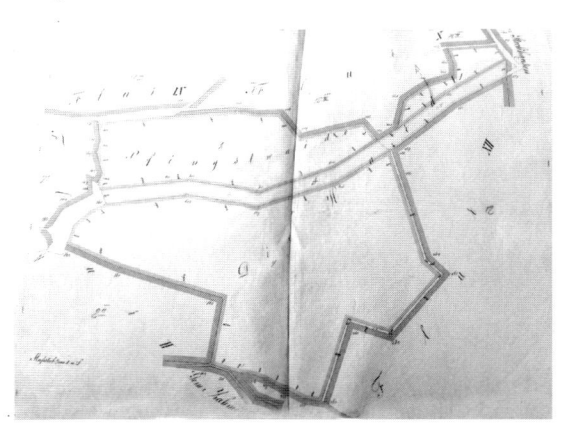

(11/9) Nördlich der *"Hardt"* folgt eine breite Trift zum *"Remmelsberg"* oberhalb von Blankenau (Abbildung: Ausschnitt aus den Flurkarten Schlechtenwegen von 1843, Karten 7). Eine Alternative zu diesem Engpass im Nordschatten der Hardt gab es für einen vom Hohen Vogelsberg kommenden Höhenweg nach Fulda nicht.

(11/10) Am Hang über dem *"Vietmeshof"* hat sich in Hecken ein sehr breites Stück Straße erhalten.
Direkt über dem Vietmes enspricht ein langgezogener Heckenrain noch deutlich einem alten Straßenverlauf.

Nach kurzer Strecke folgt der *"Kreppelstein"* auf der Haide über Blankenau.

---

[245] die FLURKARTEN VON STEINFURT von 1854/62 und von SCHLECHTENWEGEN von 1843/49 (**Karten 7**) zeigen eine breite Trift durch die Heitz, die im Steinfurter Feld vor dem Katzenklos beginnt und an der Gemarkungsgrenze mit Stockhausen endet. Die Trift vor dem Katzenklos zeigt noch das älteste MESSTISCHBLATT HERBSTEIN von 1909 (**Karten 13**).
Die Heitz ist wohl das ***"Huocesrode"*** der Crainfelder Grenzbeschreibung. Anfang des 19. Jahrhunderts waren dort noch ***"deutlich die Beetanlagen ehemaligen Ackerfeldes"*** zu sehen (HAAS: *Alte Fuldaer Markbeschreibungen* (Anm. 217) S. 31)

Die "Burg" (11/2)

Auf der Höhe südlich von Ilbeshausen liegt in der Gemarkung Grebenhain in den *"Beersträuchen"* und in Sichtweite des durch das Felsenmeer ziehenden Wegzuges die *"Burg"*. Vollständige Erdaufschüttung weist diese große Basaltformation als vorgeschichtliche Befestigung aus. Wilhelm Schmidt, Grebenhain, besitzt das Foto eines bei der Burg gefundenen Bronzebeiles.

Die Burg wurde 1882 von Friedrich Kofler aufgesucht, der in ihr eine *"vorgeschichtliche Zufluchtstätte"* erkannte und weitere Entfernung von Steinmaterial zum Straßenbau verhinderte. Er veröffentlichte dazu 1891[246]: *"Die Burg bildet ein Plateau, das zur Zeit unseres Besuches noch von einzelnen am Rande stehenden Felsen überragt wurde. Wie mir ein alter Arbeiter versicherte, seien in früherer Zeit die offenen Räume zwischen den Felsen mit Steinen zugesetzt gewesen, die man beim Bau der neuen Berg- und Waldstrassen abgefahren habe. Ein schmaler Pfad soll einst vom Nordrande aus in östlicher Richtung auf das Plateau geführt haben."* Die Burg erhebe sich nach den Feststellungen von Pfarrer Roeschen, Herchenhain, ganz ähnlich dem Taufstein 4-7m hoch über das Gelände und ihr Plateau falle nach Süden zu ab, wo der Fels noch etwa 4m hoch sei. Die am unteren Rande gelegenen Steine seien vor einigen Jahren zum Bau der Burgstraße verwendet worden. (Das Plateau misst oben an den breitesten Stellen jetzt etwa 30x50m.)

Auf der Höhe an der Burg vorbei zieht die *"Burgschneise"*, eine offensichtlich

---

[246] *Die Burg bei Herchenhain, eine vorgeschichtliche Zufluchtsstätte*, in Quartalblätter des Hist. Vereins für das Großherzogtum Hessen NF 1/1891 S. 57f

erst in der landgräflichen Jagdzeit angelegte grade Schneise, die keine Merkmale eines alten Weges aufweist. Die heutige Verlängerung dieser Schneise in Richtung Vaitshainer Höhe fehlt in den Grebenhainer Flurkarten und noch im Messtischblatt von 1915. Im Gegenteil war nach Ausweis der Flurkarten die Gemarkungsgrenze mit Ilbeshausen in der Nordostecke der Gemarkung Grebenhain im 19. Jahrhundert überaus zackig. Lange Steinaufschüttungen, die das heutige Waldgebiet in Richtung Vaitshainer Höhe durchziehen, gehören wohl zu mittelalterlichen oder auch früheren Rodungen. Es finden sich aber mehrere Wege, die ein älteres Gepräge haben.

Die Burg steht in offensichtlichem Zusammenhang mit der Straße, die vom Glauberg nach Osten führte. Eine große Wegespinne, durch die diese Straße am Hang läuft, ist von der Burg aus einzusehen. In ihrem Verlauf durch ein Felsenmeer und unterhalb von mehreren Vulkanformationen war die Straße hervorragend zu verteidigen. Es dürfte sich bei der Burg daher um eine Vorburg des Glaubergs handeln. Nahe liegt die Zeit um die Mitte des 1. Jahrtausends vor Christus, als der keltische Machtbereich noch nicht wesentlich über den Vogelsberg hinausragte.

Stammelser Berg (11/6)

Den Namen deutet Erika Müller als Verstümmelung von *"Steinmalsberg"*. Die Bergkuppe weist ringförmige Steinformationen auf und ähnelt stark dem Brand bei Eckartsborn. In der Nähe liegt der *"Heerhain"*, an dessen vorderem Rand sich mehrere große Hügelgräber (13-17 Meter Durchmesser) finden (auch auf seiner Kuppe liegen Hügelgräber). Unterhalb des Stammelser Bergs heißt ein kleines Waldstück in der Gemarkung Steinfurt *"Heerhainchen"*.

X. Rast (Nachts): "Kreppelstein" bei Blankenau

Als Platz der letzten Rast zur letzten Nacht ist anzunehmen die Stelle auf der *"Haide"* oberhalb von Blankenau in der Gemarkung Stockhausen, auf der ein altes Kreuz aus rotem Sandstein mit dem volkstümlichen Namen *"Kreppelstein"* (den bereits das älteste Messtischblatt ausweist)[247] steht. In das Kreuz eingeritzt ist ein Schwert, eines der Attribute des Hl. Bonifatius. Für einen Rastplatz sprechen die Lage an der Glaubergstraße etwa in der Mitte zwischen der Meyerbruchquelle und Fulda (zwischen zwei für die beiden letzten Etappen der Überführung nachvollziehbar langen Teilstrecken) und die Nähe von Stätten mit starkem vorgeschichtlichem Anklang. In der Nähe zeigt das älteste Messtischblatt eine Quelle.

Der Platz liegt knapp hinter der Grenze der Gemarkung Stockhausen mit Blankenau, bis 1803 die Grenze zwischen dem evangelischen reichsunmittelbaren Riedeselschen Gebiet und dem katholischen Hochstift Fulda. Das Kreuz lag seit dem 16. Jahrhundert knapp auf evangelischem Gebiet.

Der auch andernorts vorkommende Name des Steins ist sagenumwoben. Nach örtlicher Stockhäuser Überlieferung habe hier beim Vespern während der Feldarbeit ein Bruder den andern im Streit um einen Kreppel (Brötchen) erschlagen. Der Erschlagene liege unter dem Stein. Eine andere Variante geht offensichtlich auf den konfessionellen Gegensatz zurück, der sich an diesem Punkt an der Konfessionsgrenze festmachte. Der Pfarrer des katholischen Blankenau sei bis hierhin einem „ketzerischen" Bettler aus dem evangelischen Stockhausen, der in Blankenau u.a. ein Brötchen erbeten hatte, nachgesetzt und habe ihn im Streit erschlagen. Eine andere von Bindewald wiedergegebene Sage bezieht sich auf den Namen des *"Zweifelsgraben"* (auch *"Zweifelsrain"*) in der Nähe des Kreuzes und hat ebenfalls einen Beigeschmack von Konfessionsgegensatz. Sie handelt vom tragischen Ende der unerlaubten Beziehung einer Nonne des Klosters Blankenau und eines Mönches eines Klosters in Stockhausen und entspricht damit einem Typus, der sich bei Nonnenköstern öfter findet [248].

---

[247] MESSTISCHBLATT HERBSTEIN von 1909 (**Karten 13**). Das Kreuz steckte vor 50 Jahren noch tiefer in der Erde.

[248] In Stockhausen habe es ein Mannskloster gegeben, von dem ein unterirdischer Gang zum Blankenauer Nonnenkloster geführt habe. **"Da ist denn die geistliche Freundschaft nicht selten zu weit gegangen, und bei der verbotenen**

In der Nähe liegen der *"Stickelstein"*[249], darüber der *"Kuppenküppel"* (auch *"Kuppe"*) mit einer gewissen Entsprechung im gegenüberliegenden *"Hüttenküppel"*. Auf dem im 19. Jahrhundert bewaldeten Kuppenküppel verlaufen am Südhang zahlreiche *"Blockwälle"*, die als *"vorgeschichtliche Kammerfluren"*[250] eingestuft wurden. Rein landwirtschaftliche Zwecke sind nicht nachvollziehbar. Auf der Spitze findet sich eine große, nicht natürliche Ansammlung von Steinen.

Vor dem Kuppenküppel oberhalb des Kreppelsteins ist deutlich der Heckenbogen der alten Straße zu erkennen

---

Zusammenkunft eines Stockhäuser Mönchs mit einer Blankenauer Nonne, auf der Grenze zwischen beiden Orten, einmal der Teufel dem Mönch zuvorgekommen und hat seine Buhlerei mit der Bethörten getrieben". Als sie den *"unsauberen Gast"* an seinem Pferdefuß erkannte, gab die Nonne vor Schreck den Geist auf. Der zu spät gekommene Mönch habe sich auf dem Platz aus Verzweiflung erstochen, daher der Name *"Zweifelsgraben"* (BINDEWALD (wie Anm. 207) Sage 106). Die Sagen finden sich ausführlich mit Quellenangaben bei G. MICHEL: *So Leut sein mir in Vogelsberg und Schlitzerland* (Lauterbach/Hannover 1964) S. 136f. Erneut brachten sie u.a. F. STEIN: *Die alten Steinkreuze im Grenzgebiet der Landkreise Lauterbach, Fulda und Hersfeld*, in: HEIMAT IM BILD 1971 Nr. 40, H. RIEBELING: *Steinkreuze und Kreuzsteine in Hessen* (Heidelberg 1977) mit Literaturliste, zuletzt P. GÖRLICH: *Ein tödlicher Streit wegen eines Kräppels*, in: HESSISCHE HEIMAT 5/6.3.2004. - Das Motiv des Streits um ein Brötchen findet sich auch bei andern Kreppelsteinen.

[249] nach Mitteilung von F. STEIN handelte es sich um eine große Felsformation, die nach dem Zweiten Weltkrieg zu Verwertungszwecken gesprengt wurde - dies könnte der **"Steckende Stein"** der Lüderer Grenzbeschreibung (gesichert erst aus der Zeit um 1100) sein - GÖRICH sieht im Steckenden Stein sogar einen Hinweis auf ein Bonfatiuskreuz! (GÖRICH: *Ortesweg, Antsanvia* (wie Anm. 37) S. 88)

[250] K.A. SEEL: *Wüstungskartierungen und Flurformengenese im Riedeselland des nordöstlichen Vogelsberges* = MARBURGER GEOGRAPHISCHE SCHRIFTEN 17/1963 Nr. 38 mit Kartierungen (Mitteilung von F. Stein).

12/6 Vord.Vemel

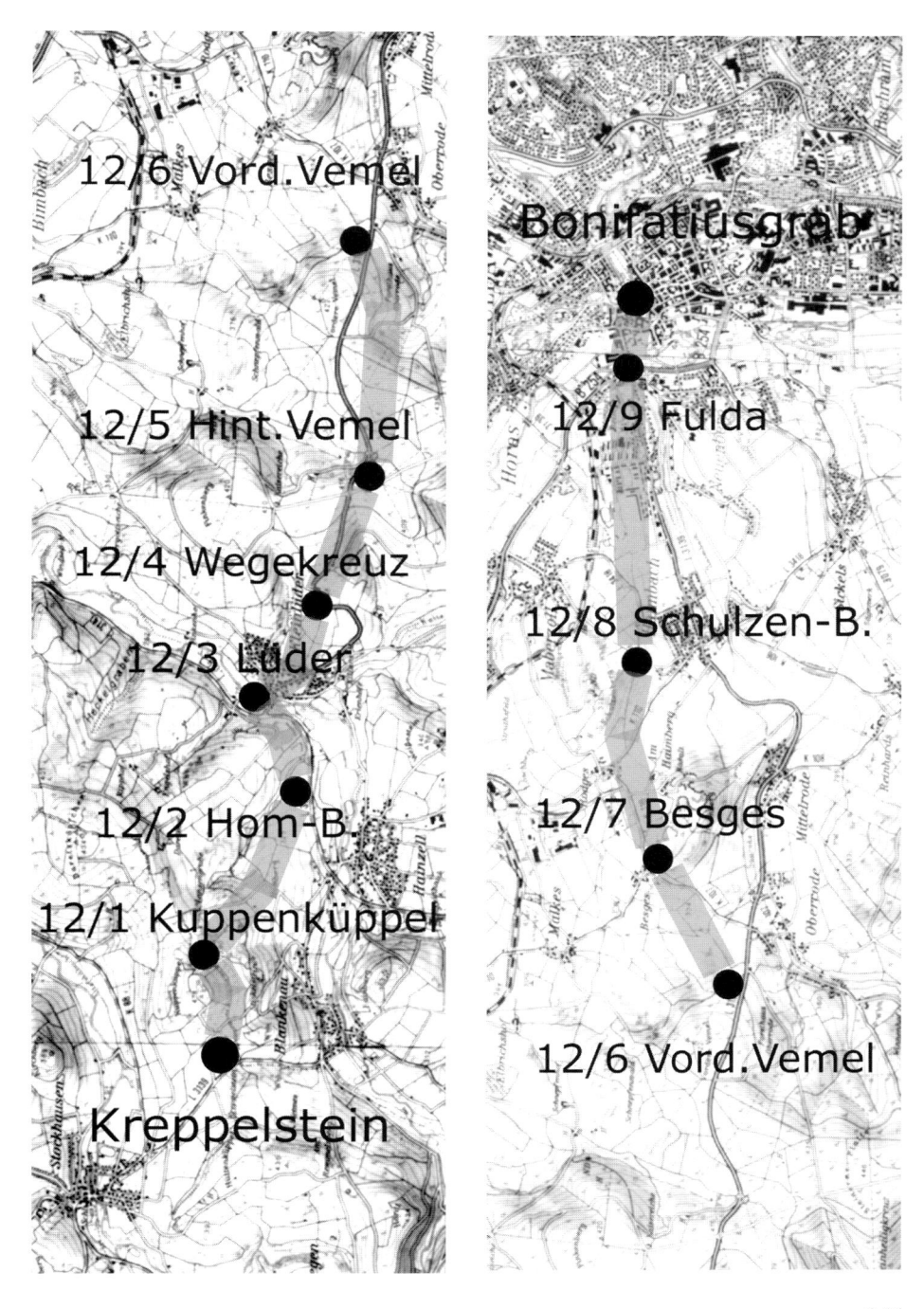

12/5 Hint.Vemel

12/4 Wegekreuz

12/3 Lüder

12/2 Hom-B.

12/1 Kuppenküppel

Kreppelstein

Bonifatiusgrab

12/9 Fulda

12/8 Schulzen-B.

12/7 Besges

12/6 Vord.Vemel

7. Tag (15. Juli): Blankenau-Fulda

Am letzten Tag dürfte nach Fulda durchmarschiert worden sein. Jedenfalls war noch Zeit zum Essen, weil (offensichtlich vorausgeeilte Mönche) sich um rechtzeitigen Fischfang bemühten[251].
Als Anfangspunkt ist der Kräppelstein bei Blankenau anzunehmen. Dass der Endpunkt über die Brücke vor Fulda erreicht wurde, ist in der Passio überliefert.

I

Für die Strecke dazwischen ist maßgeblicher Fixpunkt die praezise Feststellung der Markbeschreibung aus der Zeit der Klostergründung (nach 747, vielleicht später überarbeitet): dass der alte obere Weg - also die Glaubergstraße - südlich der Quelle des Bimbachs von West nach Ost kam[252]. Dem entspricht nur ein Verlauf der Glaubergstraße über Kleinlüder und in etwa entlang der L3139 über den Vemel. Der erste Teil bis zur Lüder ergibt sich aus dem Gelände und der Furt bei Kleinlüder. Für die weitere Strecke im nach Süden offenen Waldgelände hat Görich einen überzeugenden Verlauf zwischen den Wasserläufen erwandert.

Nach dem Austritt aus dem Waldgebiet - von der Waldecke am Vemel an - haben Görich als Anhaltspunkte für den weiteren Verlauf der Glaubergstraße eine im Tannendickicht heute nur noch schwer zu verfolgende Rinne an der Waldecke, die weiter unten liegende *"Hühnerhaube"* (auch *"Hühnerküppel"*, Hügelgrab?) und ein ausgeprägter Wegrain hinter Besges gedient[253].

Die verbleibende Strecke bis zur Fuldabrücke über den alten Weg vor dem Schulzenberg, den die Karten des 19. Jahrhunderts noch zeigen, war nie strittig.

II

Nicht haltbar ist eine Wegeführung über Kleinheiligkreuz, gleichgültig von wo aus man sie kommen lässt. Der dortige überaus steile Anstieg und überhaupt die Talenge der Kalten Lüder eignen sich generell für keinerlei natürliche Straßenführung, weder entlang des Tales noch durch das Tal. Allen bekannten Eigenschaften vorgeschichtlicher Wege widerpräche ein derartiger Straßenverlauf völlig.

---

[251] Anm. 103
[252] Anm. 46
[253] ein Wegzug südlich des Haim-Bergs ist indes nachvollziehbar

Kleinheiligkreuz wurde als Rastplatz der Überführung erst von Vonderau im Nachgang zu Wolffs Aufsatz eingeführt.[254] Die 1696 neuerrichtete, nach 1803 teilweise landwirtschaftlich genutzte und seit 1909 im Eigentum des Bischöflichen Stuhls von Fulda stehende Wallfahrtskapelle geht nicht weiter als in das 14. Jahrhundert zurück, als Mönche des Klosters Johannesberg bei Fulda eine (später an das Kloster Neuenberg übergegangene) Einsiedelei gründeten, deren Gotteshaus 1348 dem Heiligen Kreuz (von Jerusalem) geweiht war. Eine Bonifatiustradition gab es vor Vonderau nicht. Der Wortlaut der Urkunde von 1348, dass die Gründung *"im vormaligen Guntherskirchen"* an einem *"Ort des Schreckens und völliger Einsamkeit"* erfolgt sei, schließt im Übrigen aus, dass es dort bei Gründung der Einsiedelei im 14. Jahrhundert ein Gotteshaus gab oder irgend eine Straße vorbeiführte.[255].

Auch der von Görich abgelehnte Weg vorbei an der barocken *"Schnepfenkapelle"* (auf den Vonderau ohne Beleg für einen Verlauf auf dem linken Ufer der Fulda den lediglich weitab auf der rechten Seite der Fulda vorkommenden Namen *"Semita Antiqua"* übertragen hat) scheidet aus. Der alte und ausgefahrene Verkehrsweg dürfte als stark nordseitlich und wegen vermeidbarer Übergänge über Wasserläufe schwerlich vor dem Hohen Mittelalter entstanden sein.

Die Wallfahrtskirche von Kleinheiligkreuz am Himmelsberg

Die von der Frömmigkeit des Fuldaer Landes gepflegte Tradition, die die

---

[254] J. VONDERAU: *Kleinheiligkreuz am Himmelsberg*, in: FULDAER ZEITUNG VOM 22.8.1919 (auch als Separatdruck erschienen)

[255] **"in loco horroris et vaste solitudinis, qui olim vocabatur Guntherskirchen, in nemore dicto Czundernhard"** (G. RICHTER: *Urkundliches zur Geschichte von Kleinheiligkreuz*, in: FULDAER GESCHICHTSBLL 14-15/1920-21, mit mehreren Belegen aus der Zeit seit 1348, die Urkunde nach dem Original in STA MARBURG, Fuld. Urkunden, Kirchen) - **"Guntherskirchen"** dürfte eine Verlesung oder Umlesung für "ZUNDERSKIRCHEN" (abgeleitet von dem Waldgebiet Zunderhart) und daher der Erstname der Kirchengründung des 14. Jh. vor ihrer Weihe an das Heilige Kreuz gewesen sein.

Kirche von Kleinheiligkreuz und die Schnepfenkapelle seit fast einem Jahrhundert dem Überführungsweg zuordnet, hat diese beiden Gotteshäuser - zwischen denen der von Görich aufgezeigte Überführungsweg durch menschenleeres Waldgebiet führte und fast ganz verschwunden ist – zu religiösen Gedenkstätten der Überführung werden lassen. Vor allem für die kleine Kirche von Kleinheiligkreuz gilt daher diesbezüglich: sie liegt zwar nicht am Weg, sie steht aber für den Weg.

12. Etappe: "Kreppelstein" bei Blankenau-Fulda (ca. 16 km)

Anhaltspunkte für den weiteren Weg sind (bis jeweils zu den folgenden Kartenpunkten):

(12/1) Vor dem *"Hüttenküppel"* entlang der Kreisgrenze bezeugt noch ein weiter Bogen von Heckenrain einen alten Straßenzug, der sich an das Stück zwischen *"Vietmes"* und dem *"Kreppelstein"* anschließt und zusammen mit diesem einen noch größeren Bogen bildet.

(12/2) Mit der Kreisgrenze knickt vor einem nach Norden abfallenden Abhang ein Wegzug ab, der einem auf langer Strecke allmählich ins Tal abfallenden Sporn (*"Hom Berg"*) ins freie Feld folgt (Abbildung) und sich dort bald verliert (1909 führte er noch ein Stück weiter[256]).

---

[256] MESSTISCHBLATT HERBSTEIN von 1909 (**Karten 13**)

(12/3) Vor Kleinlüder zieht eine flache Furt durch die Lüder (Abbildung).

(12/4) Zum Vemel hinauf führt - wieder über einen Sporn - ein Weg zu einem barocken Wegekreuz.

(12/5) Danach nimmt Görich den Weg entlang der L3139 durch unbesiedeltes Waldgebiet bis Höhenpunkt 404,2 beim *"Hinteren Vemel"* an.

(12/6) Nach der Kurve sieht er den alten Straßenzug in einem Waldweg, der zum heutigen Wirtshaus am *"Vorderen Vemel"* führt.

(12/7) In der Flucht dieses Weges hat Görich jenseits der L3139 eine gradlinige Rinne durch die Waldecke entdeckt.
Den weiteren Verlauf nimmt er an der *"Hühnerhaube"* vorbei zu einem hinter Besges noch deutlich erkennbaren Straßenrain an.

(12/8) Von dort lässt Görich die alte Straße - immer zwischen den Wassern - in flachem Bogen den Abhang des Schulzenberges (Abbildung) erreichen.

(12/9) Vom Schulzenberg führte ein jetzt teilweise überbauter Wegzug zur alten Brücke von Fulda. Von dort ging es zur Klosterkirche.

Ziel Fulda

In der ersten Klosterkirche von Fulda wurde Bonifatius im westlichen Eingangsbereich bestattet[257]. Dies geschah offensichtlich auf Wunsch des Heiligen, der nach der Vita Sturmi selbst seinen Mönchen die gewünschte Grabstelle gezeigt hätte[258]. Das Grab war eindeutig ein Felsengrab[259]. Die für seine Lage vorliegenden Anhaltspunkte[260] (Mitte des Langhauses der nachfolgenden Ratgarbasilika, die dem Eingangsbereich der alten entsprach, - Auffindung eines leeren Felsengrabes an entsprechender Stelle durch Vonderau) sprechen für den nach Westen gewendeten Eingangsbereich der ersten Kirche. Der Wunsch des Martyrerbischofs lässt sich leicht als Geste der Demut und eschatologischen Erwartung deuten[261]. So erklärt sich auch zwanglos, dass bei Erbauung der großen Ratgarbasilika, - für lange Zeit die größte Kirche nördlich der Alpen, - nach dem Vorbild von Alt St. Peter in Rom dem Ostchor ein gewaltiges Westwerk mit Westchor hinzugefügt und in dieses die Reliquien des Heiligen überführt wurden. Aufstellung der Reliquien im Chor und der Wunsch des Heiligen sollten so vereinbar gemacht werden. Eine *"funktionale Westung der Kirche"* (Kehl) war die Folge. Beim Neubau anstelle der alten Basilika zu Anfang des 18. Jahrhunderts wurde der heutige Dom vollends - wie die moderne Peterskirche in Rom - statt wie üblich nach Osten nach Westen auf Bonifatius' Grab ausgerichtet.

---

[257] P. KEHL: *Kult und Nachleben* (wie Anm. 5) S. 19f - W. JACOBSEN: *Die Abteikirche in Fulda von Sturmius bis Eigil*, in: KLOSTER FULDA IN DER WELT DER KAROLINGER UND OTTONEN (Fulda 1996) S. 106ff

[258] *"quod sanctus episcopus plerumque apud eos manens, et locum eis ubi corpus suum posuissent demonstrarit, et quod absque dubio ibique in solitudine voluisset corpore quiescere"* (VITA S. STURMI Nr. 15 - **Quelle 4**)

[259] *"et novo in aecclesia confecto sarcofago, ex more sepelientes posuerunt"* (WILLIBALDI VITA - **Quelle 1**) - *"in novum sepulcrum posuerunt"* (VITA S. STURMI Nr. 15 - **Quelle 4**) - der eindeutige Wortlaut, dass es sich um eine in der Kirche hergestellte Einrichtung handelte, lässt keinen andern Schluss zu. Es ist nicht anzunehmen, dass Holz- oder Steinarbeiten für einen beweglichen Sarg in der Kirche vorgenommen wurden.

[260] im Einzelnen KEHL: *Kult und Nachleben* (wie Anm. 5) S. 27ff – DIES.: *Heiligenverehrung in der Reichsabtei Fulda* (wie Anm. 6) S. 182ff

[261] diese von Kehl vertretene Ansicht unterstützt massiv der Vers Hrabans': **"In abside occidentali ubi martyr Bonifacius quiescit / Pars hic ecce loci est, quo Christus astra petivit"** (KEHL: *Kult und Nachleben* (wie Anm. 5) S. 92 FN 13)

Literaturverzeichnis

ACKERMANN E.: *Stadtteilführer Bruchenbrücken* (Friedberg 1993)

"AD CRUCEM". SIEDLUNG UND KIRCHE AN BONIFATIUS' LETZTEM WEG (Ausstellungskatalog des Archäologischen Museums Frankfurt 2004)

BINDEWALD T.:, *Neue Sammlung von Volks-Sagen aus dem Vogelsberg*, in ARCHIV FÜR HESSISCHE GESCHICHTE 12/1869

BODMANN F.J.: *Rheingauische Altertümer* (Mainz 1819)

Bott G.: *Georg Wolff*, in: LEBENSBILDER AUS KURHESSEN VI (Hsg. v. I. SCHNACK – Marburg 1958) S. 383-393

BRÜCK A.PH.: *Zur Bonifatiusverehrung in Mainz*, in: SANKT BONIFATIUS (Sammelband zum 1200. Todestag, Fulda 1954) S. 506-13
--: *Franz Falk*, in: MAINZER ALMANACH 1959 S. 20-39

CLEMM L.: *K.Th. Christian Müller*, in: MITTEILUNGSBLL. DES HIST. VEREINS FÜR HESSEN 1/1937-40 S. 143-6

DIEFFENBACH P.: *Zur Urgeschichte der Wetterau*, Sonderdruck aus ARCHIV FÜR HESSISCHE GESCHICHTE (Darmstadt 1843) = AHG 4/1845
--: *Auszug aus dem Tagebuch einer Reise*, in: AHG 5/1847 Nr. 13

DIEHL W.: *Das Heiligtum auf dem Bieberberg bei Wallernhausen*, in: HESSISCHE CHRONIK 12/1925 Nr. 104

DOHRN-IHMIG M.: *Die früh- bis spätmittelalterliche Siedlung und Kirchenwüstung Krutzen*, in: MATERIALIEN ZUR VOR- UND FRÜHGESCHICHTE VON HESSEN 16 (Wiesbaden 1996)

DREHER F.: *Professor Dr. Johann Philipp Dieffenbach*, in: FRIEDBERGER GESCHICHTSBLÄTTER 3/1911

ESSELBORN K.: *Friedrich Kofler*, in: QUARTALBLÄTTER DES HIST. VEREINS FÜR DAS GROßHERZOGTUM HESSEN NF 4/1910 S. 511-21

FABRICIUS E.: *Das Römische Straßennetz im unteren Maingebiet, im Taunus und in der Wetterau. Nach den Untersuchungen von Georg Wolff und nach eigenen Forschungen*, in: DER OBERGERMANISCH-RAETISCHE LIMES, A,II (Berlin 1936)

FALK F.: *Der Weg der Procession der Bonifatiusleiche von Mainz bis Fulda*, in: DER KATHOLIK 58/1878 S. 659-61

GÖRICH W.: *Taunus-Übergänge und Wetterau-Straßen im Vorland von Frankfurt*, in: MITTEILUNGEN DES VEREINS FÜR GESCHICHTE UND LANDESKUNDE ZU BAD HOMBURG V.D.H. 23/1954

--: *Ortesweg, Antsanvia und Fulda in neuer Sicht*, in: GERMANIA 33/1955 S. 68-88

GÖRLICH P.: *Ein tödlicher Streit wegen eines Kräppels*, in: HESSISCHE HEIMAT 5/6.3.2004

GUTERMUTH K.: *Niederursel. Die siedlungs- und agrargeographische Struktur eines Frankfurter Stadtteils* (Maschschr. Hausarbeit Frankfurt 1969)

HAAS T.: *Alte Fuldaer Markbeschreibungen XI-XII*, in: FULDAER GESCHICHTSBLÄTTER 14/1920 S. 27ff, 49ff, 89ff

HAHN H.: *Joseph Vonderau*, in: ZEITSCHRIFT DES VEREINS FÜR HESSISCHE GESCHICHTE UND LANDESKUNDE 63/1952 S. 125f

HAUSMANN A.: *1200 Jahre Praunheim* (Frankfurt 2004)

HERZFELD C.-D.: *Zu Schenkungen an das Kloster Fulda aus Petterweil, dem Niddagau und der Wetterau in den Jahren nach Bonifatius*, in: PETTERWEILER GESCHICHTSBLÄTTER 1/2000 Nr. 4

HRABANUS MAURUS: POEMATA DE DIVERSIS, in: Monumenta GH Poetae II (Berlin 1884) 154-214

JACOBSEN W.: *Die Abteikirche in Fulda von Sturmius bis Eigil*, in: KLOSTER FULDA IN DER WELT DER KAROLINGER UND OTTONEN (Fulda 1996)

JAMIN H./SCHOTTDORF A.: *Die Flurnamen der Gemarkung Nieder-Erlenbach* = SCHRIFTENREIHE DES GESCHICHTSVEREINS NIEDER-ERLENBACH 3/2003

KEHL P. : *Kult und Nachleben des heiligen Bonifatius im Mittelalter* = QUELLEN UND ABHANDLUNGEN ZUR GESCHICHTE DER ABTEI UND DER DIÖZESE FULDA 26 (Fulda 1993)
--: *Heiligenverehrung in der Reichsabtei Fulda*, in: FULDA IN SEINER GESCHICHTE (HSG. W. HEINEMEYER/ B. JÄGER - Fulda 1995) S. 182ff

KOFLER F.: *Alte Straßen in Hessen,* in: WESTDEUTSCHE ZEITSCHRIFT 12/1893 S. 120-156
--: *Die Burg bei Herchenhain, eine vorgeschichtliche Zufluchtsstätte*, in QUARTALBLÄTTER DES HIST. VEREINS FÜR DAS GROßHERZOGTUM HESSEN NF 1/1891 S. 57f

KREMENTZ W.: *Bonifatius-Überlieferung in Kriftel*, in: ZWISCHEN MAIN UND TAUNUS (Jahrbuch des Main-Taunus-Kreises) 2002 S. 111-21

LANDAU G.: *Beiträge zur Geschichte der alten Heer- und Handelsstraßen in Deutschland*, in: ZEITSCHRIFT FÜR DEUTSCHE KULTURGESCHICHTE 1856, Nachdruck Kassel 1958
--: Beschreibung des Gaues Wettereiba (Kassel 1855)

LENHART L.: *Die Bonifatius-Renaissance des 19. Jahrhunderts*, in: SANKT BONIFATIUS (Fulda 1954) S. 533-85

LOEWE G.: *Fernstraßen der Vorzeit im südwestlichen Vogelsberg*, in: KREIS BÜDINGEN. WESEN UND WERDEN (Hsg. P. NIEß) (Büdingen 1956) S. 129-43

MICHEL G.: *So Leut sein mir in Vogelsberg und Schlitzerland* (Lauterbach/Hannover 1964)

MÜLLER K.T.C.: *Der Weg der Leiche des hl. Bonifatius von Altenstadt über den Vogelsberg*, in: FULDAER GESCHICHTSSBLÄTTER 19/1926 Nr. 6-7

--: *Wo sprang die Bonifatiusquelle der Wingershäuser Grenzbeschreibung*, in: FULDAER GESCHICHTSBLÄTTER 19/1926 Nr. 4

--: *Kinzigstraße, Hohestraße und Nidderstraße*, in: GERMANIA 11/1928 S. 9-14

--: *Alte Straßen und Wege in Oberhessen*, Teile I-II, in: MITTEILUNGEN DES OBERHESS. GESCHICHTSVEREINS (Gießen) NF 28/1928 S.1-145 und NF 34/1937 S.1-188

--: *Alte Straßen und Wege in Oberhessen, ihre Erkundung und Bedeutung für vor- und frühgeschichtliche Forschung*, in: FRIEDBERGER GESCHICHTSBLÄTTER 9/1930 S. 135-51

--: *Die Marcellinuskapelle bei Burkhards*, in: VOLK UND SCHOLLE 10/1932 S. 190-3 und MITTEILUNGEN DES OBERHESS. GESCHICHTSVEREINS 30/1932 S. 212-4

--: *Ein Bonifatiuskreuz an der Elisabethenstraße*, in: FULDAER GESCHICHTSBLÄTTER 26/1933 Nr. 6

--: *Antsanvia und Ortesweg*, in: FRIEDBERGER GESCHICHTSBLÄTTER 11/1934 S. 1-34

NIEMEYER W.: *Georg Landau*, in: Lebensbilder aus Kurhessen VI (Hsg. v. I. SCHNACK – Marburg 1958) S. 177-187)

PADBERG L.E. V.: *Studien zur Bonifatiusverehrung* = FULDAER HOCHSCHULSCHRIFTEN 25 (Frankfurt 1996)

PISTORIUS J.: *Rerum germanicarum veteres scriptores* Bd. VI (Frankfurt 1607)

RAISS G.: *Das Eschborner Bonifatiuskreuz*, in: ZWISCHEN MAIN UND TAUNUS (Jahrbuch des Main-Taunus-Kreises) 1995 S. 65-7

RICHTER G.: *Urkundliches zur Geschichte von Kleinheiligkreuz*, in: FULDAER GESCHICHTSBLÄTTER 14-15/1920-21

--: *Das Proprium Sanctorum Ecclesiae Fuldensis*, Anhang zu *Reform der Abtei Fulda unter dem Fürstabt Johann Bernhard Schenk von Schweinsberg* = QUELLEN UND ABHANDLUNGEN ZUR GESCHICHTE DER ABTEI UND DER DIÖZESE FULDA 6 (Fulda 1915) S. 129ff

RIEBELING G.: *Steinkreuze und Kreuzsteine in Hessen* (Heidelberg 1977)

RÖMER J.K.: *Beiträge zur Geschichte der Stadt Frankfurt* (Frankfurt 1853)

RUDOLF P.: *Die Lißberger Schafskirche - ein idyllischer Platz an der Bonifatius Route*, in: HESSENARCHÄOLOGIE 2002 S. 177-9

-- (mit C. Vogel) *Die Schafskirche bei Lißberg, Führungsblatt* = ARCHÄOLOGISCHE DENKMÄLER IN HESSEN 163 (Wiesbaden 2004)

SCHWEISGUT T.: *Die Wüstung Eigelshain*, in: FRISCHAUF 14/1925 S. 56

--: *Die Stumpe Kirche im Niddertal*, in: FRISCHAUF 14/1925 S. 212f

SCHREIBER G.: *Religiöse Volkskunde* (zum hl. Bonifatius), in: LThK 1958 ("Bonifatius")

SEEL K.A.: *Wüstungskartierungen und Flurformengenese im Riedeselland des nordöstlichen Vogelsberges* = Marburger Geographische Schriften 17/1963

SÖLLNER M.: *Auf den Spuren der Wilden Frau in Oberhessen I*, in: HEIMAT IM BILD 1973 Nr. 18

STAAB F.: *Echte Termineiurkunden aus dem früheren Mittelalter und Fälschungen Eberhards von Fulda*, in: FÄLSCHUNGEN IM MITTELALTER III = MGH SCHRIFTEN 33,3 (Hannover 1988) S. 283ff

STEIN F.: *Die alten Steinkreuze im Grenzgebiet der Landkreise Lauterbach, Fulda und Hersfeld*, in: HEIMAT IM BILD 1971 Nr. 40
--: *Altefelltal und fränkische Besiedlung*, in: BUCHENBLÄTTER 52/1979 Nr. 26
--: *Wo lag das 'Suebervelt' der Salzschlirfer Kirchspielbeschreibung?*, in: BUCHENBLÄTTER 57/1984 Nr. 23-24
--: *Die Franken im östlichen Vogelsberg*, in: FULDAER GESCHICHTSBLÄTTER 61/1985 S. 21-8

(STENGEL E. HSG.): *Urkundenbuch des Klosters Fulda* = Veröffentlichungen der Historischen Kommission für Hessen und Waldeck 10 (Marburg 1958)

VIELSMEIER B.: *Flurnamen der südlichen Wetterau*, Bd. 1-2 = QUELLEN UND FORSCHUNGEN ZUR HESS. GESCH. 101 (Darmstadt und Marburg 1995)

VITAE SANCTI BONIFATII, ed. W. Levison = MONUMENTA GH SS RERUM GERMAN. 57 (Hannover 1905, Neudruck 1977)

VONDERAU, J.: *Kleinheiligkreuz am Himmelsberg*, in: FULDAER ZEITUNG vom 22.8.1919 (auch als Separatdruck erschienen)
--: *Vor- und frühgeschichtliche Durchgangswege*, in: FULDAER GESCHICHTSBLÄTTER 15/1920
--: *Denkmäler aus vor- und frühgeschichtlicher Zeit im Fuldaer Land* = VERÖFFENTLICHUNGEN DES FULDAER GESCHICHTSVEREINS 21 (Fulda 1931)

WAGNER H.: *Kunstdenkmäler im Großherzogtum Hessen. Kreis Büdingen* (Darmstadt 1890) S. 201 Lissberg

WEITZEL E.: *Das Städtchen und die Burg Lißberg*, in: FESTSCHRIFT DER FREIWILLIGEN FEUERWEHR LIßBERG (Lißberg 1961)

WENDLER D.: *Die Urpfarrei Crutzen*, in: MITTEILUNGEN DES VEREINS FÜR GESCHICHTE UND HEIMATKUNDE OBERURSEL 22/1979 S. 1-30
--: *Gedenken an Bonifatius und seine 'Heimführung' vor 1250 Jahren mit Bezug auf den Frankfurter Norden*, in: DER FRANKFURTER BÜRGER - Mitteilungsblatt der Frankfurter Bürger- und Bezirksvereine 1/04 April 2004
--: *Überführung des Leichnams des Hl. Bonifatius an Harheim vorbei*, in: 1200 JAHRE HARHEIM (Frankfurt 1986)

WITZEL G.: *Beatissimi Martyris S. Bonifacii, in Germania quondam Apostoli, vera Historia* (Mainz 1553)

WOELCKE K.: *Schriften und Aufsätze von Georg Wolff*, in: ARCHIV FÜR FRANKFURTS GESCHICHTE UND KUNST, 4.F., 1/1925 S. 207-14

Wolf E.: *Verkehr durch die Zeiten*, in: 25 Jahre Stadt Karben (Karbener Heft 15/1995)

Wolf D./Müller E.: *Die Stumpe Kirch (sog. Marcellinuskapelle) bei Burkhards, Führungsblatt* = Archäologische Denkmäler in Hessen 162 (Wiesbaden 2004)

Wolf J.W.: *Hessische Sagen* (Göttingen 1853)

Wolff F.: *Wetterau und Vogelsberg in alten Landkarten* = Geschichte und Kultur in Wetterau und Vogelsberg II (Sparkasse Wetterau, Friedberg 1994)

Wolff G.: *Römische Straßen in der Wetterau*, in: Westdeutsche Zeitschrift 16/1897

--: *Prähistorische Wege in der Umgebung von Frankfurt a.M.*, in: Alt Frankfurt 2/1910 S. 33-44

--: *Die südliche Wetterau in vor- und frühgeschichtlicher Zeit* (Frankfurt 1913)

--: *Bonifatius' letzte Fahrt durch die Wetterau*, in: Alt Frankfurt 5/1913 S. 52-62

--: *Die geographischen Voraussetzungen der Chattenfeldzüge des Germanikus*, in: Zeitschrift des Vereins für hessische Geschichte 50 (NF40)/1917 S.53-123

Würdtwein S.: *Dioecesis Moguntina* Teil III (Mannheim 1777) (Archidiakonat Mariengreden)

Oben: Rekonstruktion der Krutzenkirche bei Kalbach (um 1200) von Margarete Dohrn-Ihmig

Unten links: Rekonstruktion der Stumpen Kirche bei Burkhards (um 1300) von Dieter Wolf

Unten rechts: Rekonstruktion der Schafskirche bei Lißberg (um 1500) von Dieter Wolf

Einband: Die Schafskirche bei Lißberg in 2001